兵どもの夢の舞台となった―旧大宮市役所（絵上・下：秋山静子）

さいたま市誕生　知られざる真実

兵どもが夢のあと

旧大宮市長が語る四市一町構想の果て

新藤《しんどう》　享弘《たかひろ》

さいたま市名誉市民

知玄舎

街開き直

忘れもしない さいたま新都心 街びらき記念式典と調印式— 夢と希望が満ちたとき

浦和市・大宮市・与野市合併協定調印式（平成 12 年 9 月 5 日）

式典には秋篠宮殿下、同妃殿下、国・県関係者など約 5000 人が列席され、盛大に行われた（平成 12 年 5 月 5 日）

さいたま新都心街びらき記念式典（平成 12 年 5 月 5 日）

浦和市・大宮市・与野市合併協定調印式（平成 12 年 9 月 5 日）
左から二人目が著者

夢と消えた

YOU AND I プラン

(図版転載／発行：埼玉県)

「YOU AND I プラン」とは、対象となる与野Y・大宮O・浦和U・上尾A・伊奈Iの頭文字をとって名づけられた「埼玉県中枢都市圏構想」。県民が住み、働き、学び、憩う生活の中で、真に魅力と誇りが感じられる都市づくり構想実現のため、埼玉県内に一定の都市機能をもつ中枢的なエリア建設を掲げ、1980 年 7 月 埼玉県と浦和市、大宮市、上尾市、与野市、伊奈町の 4 市 1 町による「埼玉中枢都市首長会議」を発足。プランの議論を行っていった（1982 年 4 月に「埼玉中枢都市圏首長会議」に名称変更）。

「YOU AND I プラン」は、さいたま新都心の整備、政令指定都市制定に至る過程で、議論の中心に何度も取り上げられた。新藤氏は 1981 年 5 月から 1988 年 6 月まで、首長会議事務局で、事務局の運営やプロジェクトの推進に携わり、市長当選後もプラン実現を推し進めていた。

市長時代の思い出

大宮出身の宇宙飛行士、若田光一さんの歓迎パレード

大宮ほこすぎ橋から氷川神社まで

未来に続く緑のビッグプロムナード

大宮ほこすぎ橋

ＪＲさいたま新都心駅周辺と氷川神社一の鳥居周辺までを結ぶ歩行者・自転車専用道路橋。二〇〇一年三月竣工。氷川参道のけやき並木と新都心のけやき広場を結ぶ「緑の回廊」をコンセプトに新藤氏の発案で施工された。氷川参道の並木が戦前「鉾杉（ほこすぎ）」が主であったことにちなんで命名された。線路の真上から電車を見ることができる鉄道ファン人気のスポット。ＴＶドラマなどの撮影にも多く使われている。二〇〇一年彩の国さいたま景観賞、土木学会デザイン賞二〇〇三年優秀賞受賞。

大宮ほこすぎ橋すぐにある氷川神社一の鳥居

さいたま新都心駅周辺は
かつて大宮操車場だった

けやき広場エスカレーター脇にある「この地に大宮操車場ありき」のプレート

さいたまスーパーアリーナ入口前の歩道にある機関車の車輪

大宮操車場（おおみやそうしゃじょう）
　さいたま市大宮区にあった日本貨物鉄道（ＪＲ貨物）の操車場。1927（昭和2）年開設。東北、上信越などの貨物の中継作業を行う基幹操車場で、戦前、戦後の貨物輸送に重要な役割を果たした。「大宮操駅」、「大宮貨物駅」とも呼ばれ、吹田（大阪府）、新鶴見（神奈川県）とともに三大操車場のひとつだった。1987（昭和62）年の国鉄分割民営化を経て、2000年（平成12）年以降、大部分がさいたま新都心として再開発された。新藤氏はこのさいたま新都心建設にあたり旧国鉄との折衝などの重要な役割を果たした。

大宮ほこすぎ橋夜景

著者近影：大宮ほこすぎ橋にて（2015 年春）

◎著者プロフィール

新藤　享弘（しんどう　たかひろ）

一九三二（昭和七）年九月三日生まれ。さいたま市大宮区出身。旧大宮市長。県立浦和高校、中央大学卒業。父は元埼玉県議会議長を務めた新藤元吉。一九八〇年代から九〇年代にかけて、ＪＲ東日本、ルミネと共同で企業とアイデアを出し合い、大宮駅の利便性を前面に押し出したキャンペーンを展開、県内外より広く集客した。まんが『大宮の歴史』などを刊行し、大宮のＰＲと活性化に尽力。大宮市最後の市長として大宮ほこすぎ橋の建設にあたった。二〇〇三（平成十五）年さいたま市名誉市民として顕彰される。氷川神社責任役員。社団法人埼玉県自転車競技連盟会長。ＮＰＯ法人多文化交流センター理事長。大成山普門院檀家総代。

はじめに

本書は私の自叙伝ではありません。また、自らの顕彰碑とするつもりもありません。むしろ、本書の中に、状況に翻弄されて思い悩むハムレットのような市長像を汲み取っていただければ幸いです。

私は、大宮市最後の市長として、さいたま市創設に関わるチャンスを得ました。あれから十四年が経過し、あの壮大なプロジェクトに関わった主要人物の多くは世を去りました。私自身もいつお呼びがかかるか分からないという状況の中で、本書を出版したいと考えました。理由の一つは、さいたま市誕生の歴史の一証人として、事実を後世に伝えておきたいということです。私を含む当時の関係者が何を考え、何を語り、どう行動したかという事実です。政治の過程は関係者の多種多様な思惑に左右されます。理念、面子、利害、人間関係、党派、外的圧力、等々。そんなことが複雑にからみ、予測しがたい展開を示すことになってしまうことがあります。さいたま市誕生という生みの苦しみの中で、政治とは何か、それに関わる政治家の使命とは何か、といったことを何度も自問してきました。政治の過程を論ずることは私の任ではありませんが、せめて政治の過程に関わった人々の言動を、大宮市長という限られた視点からですが、記録しておきたいと考えたのです。私がそんな本を出版したいと言うと、何人かの方から、自分のところにある資料を使って欲しいというありがたいお申し出をいただきました。また、膨大な資料を整理し、読み解いてくれる協力者にも恵まれました。本書を世に出すことができたのは、そうした方々のおかげです。

第二の理由は、さいたま市が誕生してから十四年が経過し、そろそろ、さいたま市の来し方行く末を再検討してみるタイミングではないかと考えたからです。さいたま新都心周辺には、ビルやマンションが立ち並び、繁栄を謳歌しているように見えます。しかしながら「YOU And I プラン」以来、埼玉県の『へそ』となる中枢都市を建設したいと願い、熱い思いをぶつけ合ってきた人たちが思い描いていた都市の姿が果たしてこれだったのでしょうか。三市論者（大宮・浦和・与野）の思惑通り、三市で合併し、三市で政令市に移行。国の機関の移転も完了し、その後岩槻市も合流しましたが、それで街づくりが理想形に近づいたといえるのでしょうか。さいたま市は一体どこへ行こうとしているのでしょうか。私にとって、さいたま市の誕生は、埼玉県の『へそ』となる中枢都市構想の通過点であって終点ではありません。この十四年間で市民の意識と生活が実際にどう変わり、今後どう変えたいと思っているのか。それを考える一つのきっかけとして、さいたま市建設で実際にあったエピソード、それにかけた私なりの思いをまとめておきたいと考えたのです。

なお、本書の登場人物を実名としたのは、それぞれが政治家としての信念に基づいて行動し、それが何らかの形でさいたま市の建設に影響を与えたことを踏まえ、匿名にする必要はないと考えたからです。

本書の構成をあらかじめ簡単に示すと、記述はほぼ時間の経過に従っています。

さいたま市建設につながる政令指定都市構想が「ＹＯＵ Ａｎｄ Ｉプラン」という埼玉県の都市構想を継承したものであることを知る人は、現在では少なくなりました。私は市長になる以前から、この「ＹＯＵ Ａｎｄ Ｉプラン」に関わってきました。私の、政令指定都市への熱い思いは「ＹＯＵ Ａｎｄ Ｉプラン」との関わりによって育まれたといっても過言ではありません。第一章は、私とこのプランとの関わり、さらに、市長に立候補する際のいきさつを述べています。

元々「ＹＯＵ Ａｎｄ Ｉプラン」は、関係する市町の都市連合を目指したもので、合併を前提としたものではありませんでした。大宮・浦和・与野の三市が、合併、政令指定都市化に向け、公式に協議を開始したのは平成六年五月十六日、三市の有志議員からなる「政令指定都市問題等3市議員連絡協議会」の設立からでした。その成果が、平成九年七月七日の三市合併協議会（任意協議会）の設置決議として結実しました。これにより、合併に向けた舞台が整ったことになったのです。

第二章は、合併に至るまでの争点、そして最後まで決着できなかった論議の結果を書き記しました。任意協議会は、三回の準備会を経た後、平成九年十二月十八日に正式に発足しました。第三章から第八章が本書の中心部分です。任意協議会発足後の関係者の動きを、新聞記事や会議資料、関係者のメモなどに基づき、記憶をたどりながら、月日を追って綴っています。その頃の私は、交渉相手である相川宗一旧浦和市長、井原勇旧与野市長と話し合いを続けながら、県側からは決断が遅いと叱責されていました。加えて、「ＹＯＵ Ａｎｄ Ｉ プラン」の同志であるはずの新井弘治上尾市長の真意を探りつつ、地元大宮の反新藤勢力という、内なる敵に翻弄されながら孤軍奮闘を続けていました。

第九章は、さいたま市成立後に行なわれた市長選に触れています。この結果は、読者の方もご存知のように、相川旧浦和市長との事実上の一騎打ちに敗れ、私は政界を引退しました。旧市の現職市長が新市の市長をめぐって争えば、旧市同士の都市間競争が引き起こされ、合併後の市政に禍根を残すであろうことは十分すぎる程に分かっていました。そのため、合併、政令指定都市化の路線をめぐる大宮と浦和の対立に関しては、決裂を避け、協議を維持するために、玉虫色の合意で結論を先送りしてきました。その結果、最終的に市長選挙で決着をつけざるを得なくなってしまったのでした。

その様な経過を辿り、十四年の年月が流れてゆきました。

大宮市役所一年目、若き日の著者

目次

第三章　浦和市・大宮市・与野市合併推進協議会（任意協議会）　59

第四章　四面楚歌――反新藤勢力の攻勢と四市一町強硬派議員の急進化　76

第五章　大宮市議会、任意協議会をボイコット――合併を壊すつもりか　99

第六章　反新藤・強硬派勢力の行方　119

第一章　ロマンとしての政令指定都市

一、一人の人物との出会い

　一人の人物との出会いがその後の人生を決定的に左右することがあります。私が、大宮市最後の市長として、政令指定都市の実現に深く関わるきっかけとなったのは、馬橋隆二元大宮市長との出会いでした。

　馬橋さんが大宮市長に立候補した一九七八（昭和五十三）年当時、社会党の秦明友さんが十九年の長きにわたって市長を勤めていました。馬橋さんが市長選に立候補したとき、自民党にとっては、社会党から市政を取り戻すことが最大の政治課題でした。馬橋さんを支援していたのは、厚生大臣、運輸大臣なども勤めた自民党の大物政治家、福永健司さんでした。私の父も政治家で、その時は既に亡くなっていましたが、生前福永さんとは懇意にさせていただいていました。私は大宮市役所の一課長に過ぎませんでしたが、そんな関係もあって、福永さんから「今度馬橋を推すからよろしく頼む」と直接依頼されました。

馬橋さんの対抗馬は、秦さんの後継候補者で元県議でした。この方は旧制浦和中学校の大先輩であったので、もし、福永さんからの要請がなければ、この対抗馬である先輩を応援していたかもしれません。

そうしたいきさつから、私は、馬橋さんを推すことを心に決めました。

結局、馬橋さんが当選を果たし、私は秘書課長として身近に仕えることになりました。馬橋さんは元々弁護士だったので、社会に正面から立ち向かい、良い悪いをはっきり言う人でした。ところが私ときたら、学生時代から、考え方が右に行ったり左に行ったりと、ふらふらしたところがあったことに加え、融通無碍《ゆうずうむげ》な役人の考え方が身についてしまっていたので、全く性格が合いませんでした。これは到底勤まらないと思った私は、柳に風の心境で、ここは儘よとばかりに是々非々で対応しました。理屈が合うときには賛成しますが、合わない時には合いませんと言ったのです。それが気に入られたかどうかは分かりませんが、一九八五（昭和六十）年三月、秘書課長から秘書企画室長に昇格しました。でも馬橋さんは、二期目の終わり頃、政治はどろどろして嫌だからもう辞めると言いだしたのです。その背景には露骨な馬橋降ろしの動きがありました。

正義感が強く、あまりに一本気な市政運営が、周囲に敵を作り出していたのです。江戸時代中期、松平定信の政治が「白河の清きに魚も住みかねて」と評されたのとどこか通ずるところがありました。当初、馬橋市政を支援していた政財界の有力者、例えば鹿島晃男さん、斎藤清治さん、大成正雄さん等が公然と馬橋降ろしの動きを取るようになっていったのです。馬橋さんはプライドが高く、潔い人です。馬橋さんのプライドは深く傷ついたのです。求められていないのなら去る、というのが馬橋さんの出した結論でした。

しかし、当時秘書企画室長であった私には、馬橋さんが降りることが大宮市政にとってプラスになるとはどうしても思えなかったのです。何とか三期はやってもらいたいと、私は様々な説得を試みました。「市長は十年以上やらなければ年金も恩給もつかない。二期で辞めたら損だ」と言ったところ、「金で俺を動かそうとするのか」と法律事務所の中でひどく怒られました。

そんな私の説得が功を奏したとは思えませんが、結果的にもう一期やることになりました。私は、自治医大誘致を実現するために尽力したことなどが評価されたのか、一九八八（昭和六十三）年七月、助役となりました。そして、馬橋さんの三期目の任期が終了する半年程前に、後継者となるように打診されたのです。

私は「馬橋さんが辞めるのであれば私も」と思っていました。というのも、市長選に出ることには対しては、家内を始め親族一同全員が反対でした。五人の姉が集まり、私に対して「父親で政治には懲りている。田地田畑売り払って、食べていけなくなる。それどころか大宮にいられなくなる」と猛反対しました。父親が政治家として苦労しているのを、私たちは身近に見てきました。我が一族にとって、政治家という職業は金がかかるばかりで割に合わない、従って普通の人が手を出すような職業ではないと考えていました。そこで馬橋さんの申し出を断ることにし、一旦は了解してもらいました。しかし、その後ブレーンの人たちと相談したらしく「再考しろ」と強く要請されました。家内にはそっぽを向かれるし、姉たちには「無一文になって勝手にすればいい」と言われ続けました。でも、そんな紆余曲折があって、市長選が始まり、私は立候補することになりました。一九九〇（平成二）年のことです。

二、大宮市長立候補にあたって

私は、立候補に当たって、政令指定都市構想の推進を第一公約として掲げました。無論、大

最初の市長選の時、馬橋さんと（平成２年７月）

宮単独では不可能でしたので、周辺市町との合併が前提でした。関係首長としては初めてのことであり、政令指定都市の実現に向けて先導役を買って出たことになります。その後、平成六〜七年に政令指定都市論議は盛り上がりをみせますが、同時に、「都市論なき論議」（中央大学・佐々木信夫教授）、「ビジョンなき合併の枠組み論」（新都市産業人懇話会）といった批判を受けるようになりました。

　ただ、この政令指定都市構想、それを実現するための合併構想は、後に、三市か四市一町かという政令市の市域をめぐる理念なき論争へと収縮化していってしまいましたが、元々は、あるべき都市像を構想し、実現しようとする大きな流れの中で生じたものです。大きな流れとは、県が進めていた「埼玉長期構想」および後に「ＹＯＵ Ａｎｄ Ｉプラン」と呼ばれるようになった埼玉県中枢都市圏構想で、それは、国が進めていた首都圏整備計画および全国総合開発計画と歩調を合わせていました。

私の政令指定都市構想は、こうした大きな流れの中で大宮市の将来像を位置づけようとしたものであり、その理念は、県が進めていた「ＹＯＵ Ａｎｄ Ｉプラン」を継承しているものだったのです。

「ＹＯＵ Ａｎｄ Ｉプラン」は、対象となる与野Ｙ・大宮Ｏ・浦和Ｕ・上尾Ａ・伊奈Ｉの頭文字をとって名づけられた埼玉県中枢都市圏構想です。県は、一九七八（昭和五十三）年に「埼玉県長期構想」を策定していましたが、当時の畑和《はたやわら》知事は、そこで提起された地域別の発展整備の方向に基づき、県南中央地域の具体的整備構想として、中枢都市圏構想の策定に着手しました。中枢都市圏構想は、永年の課題です。過度の東京依存を是正して、県民が住み、働き、学び、憩う生活の中で、真に魅力と誇りが感じられるような埼玉県の中枢都市を建設していくという、いわば、県域の「へそ」を創っていくものでした。

当時、埼玉県には四十二の市があり、市の数では全国一でしたが、ほとんどは中小規模の都

選挙カーから

市で、しかも、ベッドタウン的性格をもった都市でした。そこに住んでいる住民にも、埼玉県民であるという意識は希薄でした。そこで県の中に一定規模の都市機能を集積した中枢的なエリアをつくり出す必要があったのです。埼玉県知事と、対象圏域の四市一町の首長（与野市長、大宮市長、浦和市長、上尾市長、伊奈町長）からなる「埼玉中枢都市首長会議」（後に「埼玉中枢都市圏首長会議」と改称）が一九八〇（昭和五十五）年七月三十日に発足し、構想策定の主体と位置づけられました。私は、一九八一（昭和五十六）年五月から一九八八（昭和六十三）年六月まで、首長会議事務局で、事務局の運営やプロジェクトの推進に携わってきました。埼玉中枢都市圏構想は次のような経過を辿り具体化されていきました。
・昭和五十七年一月、「基本方向」を決定
・昭和五十七年九月、「基本構想」を決定
・昭和六十年三月、「基本計画」を決定、「ＹＯＵ ＡｎｄＩプラン」として発表
・昭和六十三年五月、「新基本計画」を決定
この過程で、昭和六十二年七月にＪＡＣＫ大宮が竣工、昭和六十三年四月に〝ソニックシティ〟が開業するなど、事業によっては具体的な成果が着実に実を結びつつありました。〝ソニックシティ〟は三十一階建のビルで、当時、東京を除けば、東日本ではこの規模のビルは大宮にしかありませんでした。

三、国レベルの施策との連動

こうした県レベルの施策は、国レベルの施策とも連動していました。一九五〇年代からの経済の復興に伴い、東京を中心とする首都圏への、人口、産業集中は著しいものがありました。

このため、首都圏の市街地の無秩序な拡大、居住環境の悪化、交通混雑、公共施設の不足、住宅不足など、過密かつ過大となった都市の弊害が深刻化しつつありました。この問題に対応するため、一九五六年四月に首都圏整備法が制定され、東京都を中心に、周辺七県の地域を一体とした、広域的かつ総合的な首都圏整備が進められることとなったのです。一九八六年六月に策定された第四次首都圏基本計画は、業務核都市を中心とし複数の自立都市圏を形成しながら、都心部への一極依存構造を是正し、多核型の地域構造を再構築するということを基本的方向としていました。同計画では浦和・大宮が、横浜・川崎、千葉、立川・八王子などと並んで業務核都市として位置づけられました。

一九八七(昭和六十二)年六月には、「多極分散型国土の形成」を基本理念とする第四次全国総合開発計画が閣議決定され、この計画の推進法、実施法的性格をもつものとして一九八八年、多極分散型国土形成促進法が制定されました。これは、国の行政機関等の移転、業務核都市の整備等を内容とするもので、首都圏整備計画で指定された業務核都市が、多極分散型国土形成促進法によって法的に制度化されたのです。

また政府は、東京都区部への諸機能の過度の集中を是正するため、「多極分散型国土形成促進法およびこれに基づく国の行政機関等の移転に関する基本方針」(昭和六十三年七月閣議決定）に則り、東京都区部にある地方支分部局等のうち、七十六機関、および自衛隊の十一部隊等の東京都区部外への移転を推進することとしました。

四、埼玉県のどこかに政令指定都市を

埼玉中枢都市圏構想（表紙）
発行：埼玉県

「YOU And I プラン」に関わる仕事を、馬橋市長は私に任せてくれました。事務局で、プロジェクトの企画や推進に携わっている間に、私は、将来は絶対埼玉のどこかに政令指定都市を作らねばならないと考えるようになりました。政令指定都市は、当時は人口の目安が百万人以上、面積が二百平方キロメートル以上でなければな

彩の国 YOU And I プラン（表紙）
発行：埼玉県

らないなど、いくつかの約束事がありました。これを満たすためには合併しかない、というのが県庁と私たちが話し合った結果だったのです。元々「ＹＯＵ ＡｎｄＩプラン」は、都市同士の連合を目指したものであり、合併を指向したものではありませんでした。しかし、政令指定都市を造るためにはどうしても合併へと舵をきる必要がある、というのが県と事務局との共通認識だったのです。

こうした考え方は、行政レベルだけにとどまりませんでした。平成二年六月には、埼玉経済同友会が「埼玉県における政令指定都市形成にかかわる調査研究報告書」を発表し、その中で「ＹＯＵ ＡｎｄＩプラン」の地域を合併して政令指定都市を形成し、一体的な都市づくりを進めることが必要だと訴えました。当時「ＹＯＵ ＡｎｄＩプラン」圏域の四市一町を政令指定都市形成の母体にするという考え方が、埼玉県の次代を動かすような大きなうねりを形成しました。

私の政令指定都市構想は、こうした時代の大きなうねりの中で大宮市の将来を展望したものだったのです。馬橋さんに相談したところ「おおいにやれ」と言って、背中を押してくれました。私は、馬橋さんの次に、与野の井原市長を訪ねました。井原さんは年長者であり、旧制浦和中学校の先輩でもありました。井原さんには、およそ次のようなことを報告しました。「大宮の市長選に立候補することになりました。ついては、いわゆる政令指定都市を公約に掲げ、それをロマンとして推進したい」井原さんは、この件に関しては特別な思いがある人ではありませんが、新人の思いには寛大でした。「いいよ、いいよ、やりなさい」と言ってくれました。私は、それに意を強くし、浦和にも行きました。けれど、当時の浦和の中川市長はけんもほろろでした。「全然だめ。乗れない」という反応だったのです。

中川市長の態度は、政令指定都市構想が前途多難であることを物語っていました。しかし、こうした根強い反対論は「ＹＯＵ Ａｎｄ Ｉ プラン」に関わっている時から慣れっこになっていました。そんなことで立ち止まっていたら何も実現しません。できる、できないは別として、政令指定都市の実現を目標にしようと決意を新たにしました。政令指定都市構想をロマンという言葉で表現し、それを第一公約として掲げました。もちろん、上尾市、伊奈町も訪問し、了解をとりつけました。政令指定都市実現は大宮市にとってのロマンであると同時に、首長として首都圏整備計画や全国総合開発計画に沿って都市の将来を構想できるという点で、私自身にとっても大きなロマンでした。

五、さいたま新都心プロジェクト

「ＹＯＵ Ａｎｄ Ｉプラン」から生まれ、その後の政令指定都市構想に大きな影響を与えたプロジェクトに「さいたま新都心構想」があります。私はこのプロジェクトに、事務局から市長時代に至るまで深く関わりました。昭和五十九年二月、国鉄の大宮操車場が廃止されることが決定しました。私は、県の人たちとの話し合いの中で、操車場跡地をなんとかできないかと問題提起しました。国鉄清算事業団によって資産処分が行われるのは目に見えていました。それを放置しておくことなどできないのです。当時の県の副知事が畑知事にその話をしたところ、畑知事は非常に前向きになったとのことです。

大宮操車場とは呼ばれていますが、行政区画では、与野が跡地の三分の二弱、大宮が三分の一強、浦和が少々という感じでした。この大規模再開発を統一的に推進するのであれば、三市が合併したほうがいいのではないか。行政境でもめるより、一緒になってやった方が都合がいいのではないか、という考え方が支配的になってきました。大宮操車場跡地の再開発が、合併、政令指定都市実現への大きな追い風になりました。

私は当時、まだ市役所の事務屋で、政治家ではなかったので、個別の市にとっての利害よりも「この圏域にとってプラスになる話ならどんどん行け！」という感じでした。「ＹＯＵ ＡｎｄＩプラン」を合併を意識したプランニングに変更し、推進していったのです。この話を進めていくうちに、浦和の中川市長は立腹したとのことです。郵政省のさいたま新都心郵便局の先、現在のラフレさいたまの所が浦和市に帰属していましたが、中川市長は、浦和は協力しないと言うのです。そこで私達は「あれは国鉄の土地なんだから。浦和がどうこうではなくて、この地域全体に関わることだから。取り敢えず、買おうじゃないか」と県を窓口として浦和に申し入れました。

結局、畑知事の時代に埼玉県のほか、与野、大宮、浦和がそれぞれ面積割合で買い取ったのですが、その時点では、現在さいたまスーパーアリーナがあるところは、野球場にしようと考えていました。埼玉には西武ライオンズがあります。西武球場をあそこへ持って来られない

歩行者通過予定地―1987 年　（絵：秋山静子）

か、または、千葉の幕張メッセのような大きなメッセを造れないか。これを称して『メッセコロシアム構想』となりました。所沢の西武球場を移すという交渉にあたり、私も西武ライオンズまで足を運びました。しかしなかなか良い返事がもらえません。所沢市からもとんでもないと叱られました。そうこうしているうちに、嫌がる西武ライオンズにこだわっても仕方がない、他の事を考えようということになりました。そして、地方分権の時代にふさわしく、国の機関を誘致したらどうかということになったのです。

すでに述べたように、政府は「多極分散型国土形成促進法及びこれに基づく閣議決定」において、国の行政機関を東京都区部外へ移転することを決定していました。大宮操車場跡地への一部移転を実現するに当たっては、内閣官房副長官であった石原信雄さんが大きな役割を果たすことになるのですが、この石原さんに「ＹＯＵ ＡｎｄＩプラン」の話をしてくれたのが、当時参議院議長をしていた土屋義彦さんでした。この橋渡しをしてくれたのは、当時埼玉県の副知事をしていた立岡勝之さんです。畑知事と私を含めた三首長（大宮、浦和、与野）は、参議院議長会館に土屋さんを訪ね「ＹＯＵ ＡｎｄＩプラン」について力説し、土屋さんに十分納得してもらっていました。この後、土屋さんが埼玉県知事になることは全く想像していませんでした。ですが、土屋さんが石原さんに話を通してくれたのです。そして、畑さんと三首長は石原さんと会って話をすることになるのですが、石原さんは、合併するのであれば、国の機関を大宮操車場跡地に移転することは可能だと言ってくれました。それは遷都論、あるいは分都論でした。その分都論が具体的に動き出すことになるのです。

国の機関が移転するに当たり、大宮、与野、浦和の行政区域が複雑に入り組んでいるのは好ましくありません。畑知事サイドからは、当然ですが、これを契機にして合併を指向すべきだという議論が出てきます。国の機関を移転するに当たっては、少なくとも関係三市が合併しければならないということで形成がなされてきました。このような状況で、三市にまたがる新都心プロジェクトが動き出し、これに伴いＹＯＵ ＡｎｄＩ構想が合併論となって高まっていったのです。

政令指定都市構想は、もともと「ＹＯＵ ＡｎｄＩプラン」から生まれましたが、「ＹＯＵ ＡｎｄＩプラン」が目指していた都市連合から、合併へと急速に舵をきる必要性に迫られ登場したものです。前述のとおり、このような考え方は、経済界からも支持されていて、埼玉経済同友会が「ＹＯＵ ＡｎｄＩプラン」の地域を合併して政令指定都市を形成し、一体的な都市づくりを進める必要があると訴えていました。当時「ＹＯＵ ＡｎｄＩプラン」圏域の四市一町を政令指定都市形成の母体にしようという考え方は、間違いなく政令指定都市構想の主流をなしていたのです。しかし、同じ「ＹＯＵ ＡｎｄＩプラン」から派生した、大宮操車場跡地の再開発、国の機関の誘致という大規模プロジェクトは、「ＹＯＵ ＡｎｄＩプラン」とは何の脈絡もなく、結果として、三市による合併・政令指定都市論を生み出すことになったのは、皮肉と言わざるを得ません。

畑知事および県は、国にアプローチし、石原さんにも動いてもらっていました。従って、どんなことがあっても国の機関の移転を成功させたい。そのために必要なら三市を合併させることも厭わないと考えるようになりました。当時の自治省から総合政策部長として埼玉県に出向してきた青木信之さんが政令指定都市の実現に手腕を発揮し、その手腕が評価され二〇〇二年に副知事に就任しましたが、その青木さんから、私は事あるごとに「三市の合併をぜひ頼む」というプレッシャーをかけられていました。

六、「YOU And I プラン」に否定的だった浦和

その間浦和はどうしていたかというと、中川市長と畑知事とはまったく性格が合いません。畑知事が提唱する「YOU And I プラン」に、中川市長は終始非協力的でした。「政治は主義主張ではない、人間関係だ」とは、私が政治家になって学んだことです。ただ、その後、知事が畑さんから土屋義彦さんに代わりました。中川市長と土屋知事は、考え方が合っていました。土屋知事に代わってから、中川市長は、急速に「YOU And I プラン」の土俵に乗ってきたのです。国の機関の誘致や、メッセを造るといった構想に前向きになってきました。けれど、中川市長は、当時はまだ合併について消極的でした。その中川さんが合併のメリット・デメリットについて研究してみよう、という雰囲気になってきたところで浦和市長選挙があ

り、市長は中川さんから相川宗一さんに代わりました。

相川市長は、県議会議員を務めていた方でしたので、畑さんとは仲が良かったのですが、土屋さんとはあまり気心の知れた間柄ではなかったようです。相川市長の支持母体である青年会議所が合併、政令指定都市化の推進役であったために、相川市長も合併については前向きな発言を行いました。しかし、相川さんをはじめ多くの浦和の市議会議員は「四市一町で合併すると、地理的に大宮が新市の中心になる。そうなると、市長ポストも、市庁舎もいずれ大宮にもっていかれてしまうのではないか」と考えているように見えてなりませんでした。「三市だけだったら合併してもいい」と発言し、土屋知事との距離を縮める立場を急速にとるようになったのです。

以上のことから、三市か四市一町かという合併の枠組みをめぐる論争は、政令指定都市構想問題の中心的課題となり、政令指定都市構想は、ロマンの実現というより、大宮と浦和の都市間政争の具に堕していったのでした。

「職、住、遊、学」を兼ね備えた自立都市・真に埼玉の中枢となるべき政令指定都市が政治家の戦略思想になったとすれば、あまりにも嘆かわしく思えてなりません。

第二章　大宮と浦和——主導権争いの構図

一、さいたま市誕生の生みの苦しみ

さいたま市が誕生する過程における生みの苦しみの主たる原因は、言うまでもありませんが、大宮と浦和の「主導権争い」でした。この点に関して市民の皆さんからたくさんのご批判をいただいたのは周知の事実です。一般的に、市町村の合併において演じられる主導権争いの多くは、新市名、市庁舎の位置、新市長をめぐる争いなどですが、それによって暗礁に乗り上げた合併交渉が多々あるということも耳にしています。大宮、浦和、与野三市合併についても、それが大きな問題であったことは間違いありません。

この問題が最初からくすぶり続け、ボクシングで言えば、ジャブの応酬のような様相を呈していましたが、この問題が顕在化し、合併協議の表舞台で主役を演じるようになったのは、平成十一年六月二十五日の、いわゆる六・二五合意の後といってもよく、公式な場での合併交渉は、平成六年五月に、三市の市議会議員代表が一堂に会して「政令指定都市問題等3市議員連絡協議会」が発足したのがスタートでした。

それから、平成十二年九月に三市の合併協定が調印されるまでの間を合併交渉期間としても、新市名や市庁舎の位置をめぐって激しい論争が行われたのは、その期間の最終段階のことです。それまで、三市間の、というより大宮対浦和の対立は、合併・政令指定都市化を目指すのは三市なのか、それともそれに上尾市と伊奈町を加えた四市一町なのかという市域ないしフレームワーク（枠組み）の問題をめぐって行われました。市域がなぜ問題になったのか、というより、問題にせざるをえなかったのかというと、そこに、関係する多くの人々の理念や思惑、計算が複雑に絡み合っていたからです。それは、単に「主導権争い」として片付けてしまうことのできない、あまりにも皮相的な側面を有していたのです。

三市を取り巻く、諸状況の変化の中で、それぞれの自治体の考え方は変化してゆき、同時に、それぞれの自治体の内側はと言えば、必ずしも一枚岩であったわけではありませんでした。三市対四市一町の対立の構造は非常に複雑だったのです。その詳細は、以下で順次述べていくことにしますが、ここでは大宮対浦和の対立の構図を記します。単純化し過ぎという批判もある

YOU And I プランのマップ
発行：埼玉県

でしょうが、それを覚悟の上で述べると、おおよそ次のように表現することができます。当時、大宮、上尾、伊奈は四市一町の同時対等合併を希望していました。与野は、浦和の市民感情を配慮し三市先行合併を主張していましたが、政令指定都市に移行する際には四市一町の枠組みを尊重すると表明していました。浦和だけが、三市で合併しそのまま三市で政令指定都市化することを強く望んでいたのです。

この市域問題に関しては、いくつかの視点から捉えることができます。第一は「何のための、誰のための合併、政令指定都市化か」という根本的な考え方の問題です。四市一町による合併論は、前章で述べたとおり「ＹＯＵ Ａｎｄ Ｉ プラン」の延長線上にあり、埼玉県内に「へそ」となる都市を建設することを狙いとしています。これは、前述したとおり、過度の東京依存から脱し、県内部に「職、住、遊、学」の諸機能を具えた自立都市を形成することを目指すものです。この目的は、商業、業務機能の集積を図ることによる就業機会の創出、さらには、大学や各種専門学校などの誘致による高等教育機関の充実を図って、住及び学術環境の整備を進めるもので、それらを総合的に計画することにより、ゆとりある居住、田園、森林、河川など、自然空間と共存する都市空間が生まれます。従って、これを実現するためには、三市の市域では十分とは言えず、四市一町の規模がどうしても必要となるのです。

さいたま新都心建設は「ＹＯＵ Ａｎｄ Ｉ プラン」のリーディングプロジェクトとして派生したものであり「ＹＯＵ Ａｎｄ Ｉ プラン」の理念を実現するために無くてはならないものです。しかも、政令指定都市化に向けた合併話の起爆剤になっていることは間違いありません。しかし、新都心を建設するために合併、政令指定都市化するわけではないのです。

二、さいたま新都心を国鉄大宮操車場跡地に

四市一町論に対し、三市論は、さいたま新都心建設を合併、政令指定都市化の大義名分としています。霞ヶ関などに集中する国の機関の移転構想は、一九八七年十一月に竹下登元首相が、土地対策関係閣僚会議の場で指示したのが始まりといわれています。けれど、首都圏の各県は、集中する首都機能の移転に備えるために、それ以前から省庁の誘致合戦を繰り広げていました。竹下内閣から村山内閣までの間、内閣官房副長官を務めた石原信雄さん（後の三市合併協議会会長）によれば、群馬県は、地元出身の中曽根康弘元首相が同郷の石原さんに、高崎への誘致を熱心に働きかけていたとのことでした。また、八七年当時、既に千葉市の「幕張メッセ」が着工され、横浜市の「みなとみらい21」も候補地の造成を終えていました。埼玉県は神奈川県、千葉県より数歩出遅れていたのです。そこで、畑知事は、新幹線が停車する交通の利便性と、国鉄操車場跡地の開発余力を石原さんに対して必死に訴えました。その後、石原さんは、地理的位置と交通の利便性から、大宮操車場跡地を選択し、十省庁十七機関の移転が決まったのです。しかし、操車場跡地は大宮、与野、浦和の境界線上にあり、もし合併しなければ、

国の機関が三市にまたがり混乱をきたすという懸念があります。石原さんがそのことを畑知事に対して指摘すると、畑知事は「心配ご無用。おいでいただくまでに何とかする」と明言したと聞きました。このときに埼玉県は、最低三市が合併し、さいたま新都心を建設する義務を負ったといえます。移転が決まった後、各省庁の労働組合は「移転費用は多額で税金の無駄。大宮に移転すると給与の都市手当てがなくなる」などとこぞって反対しました。これに対し、移転推進連絡会議の議長だった石原さんは「一つの例外もなく埼玉に行くことを説得した」立場にありました。もし、三市合併、そして、さいたま新都心建設が失敗に終われば、国・県より信用の失墜はいたしかたないことになるのです。

三市論者は、この側面から、四市一町論に対し、次のような反論を試みていました。「ＹＯＵ ＡｎｄＩプラン」は四市一町の連合を前提としたものであり、合併を想定したものではない。したがって、今回のさいたま新都心プロジェクトや三市合併・政令都市化は「ＹＯＵ ＡｎｄＩプラン」とは直接の関係はなく「ＹＯＵ ＡｎｄＩプラン」の経緯、実績とは切り離して検討するべきである。

前章で、政治は主義主張ではなく人間関係によって動く、と述べました。中川浦和市長は畑知事と気が合わず、畑知事の提唱する「ＹＯＵ ＡｎｄＩプラン」を評価していないように思えてなりませんでした。「ＹＯＵ　Ａｎｄ　Ｉプラン」が十五年以上にわたって積み上げてきた経験と実績に対し、浦和が冷淡だったのは、中川市長の姿勢と無縁ではなかったと思います。

三、三市論の弱点、四市一町論の正当性

このような議論ではありましたが、基本的に、三市論に四市一町論を否定し去る材料は乏しかったのです。四市一町論は、三市論が大義名分としているさいたま新都心プロジェクトには反対していません。それどころか、さいたま新都心プロジェクトは「ＹＯＵ　Ａｎｄ　Ｉプラン」の四市一町論から生まれたものであり「ＹＯＵ　Ａｎｄ　Ｉプラン」が志向する自立都市を実現するためには不可決の要素と考えられていました。この意味において、さいたま新都心プロジェクトは争点にならないのです。また、政令指定都市構想論としてみても三市論は貧弱です。四市一町よりも三市のほうがより良い街づくりができるという理論的根拠は希薄です。「ＹＯＵ　Ａｎｄ　Ｉプラン」の経験と実績に反論を加えることはできても、都市構想論としての四市一町論を否定することはできないのです。このために、三市論者は、市域論に第二の視点を用意

しました。すなわち、四市一町は理想論であり三市が現実的な論であるという内容です。「四市一町は確かに理想ではあるが、国の機関が移転するまでに三市合併を成し遂げ、さいたま新都心を建設することが肝要であり、それまでのタイム・リミットを考えれば、三市のみで合併を図るほうが現実的である」と主張したのです。

理想と現実という観点から合併、政令指定都市化に関わった人々の考え方をスペクトル分析すると「強硬な四市一町論」と「強硬な三市論」という対極的な二色の間に、「穏健な四市一町論」と「穏健な三市論」という中間色が存在することになります。強硬な四市一町論は、四市一町という理想を実現できない限り合併、政令指定都市化する必要はないと考えます。これに対し、強硬な三市論は、合併、政令指定都市化は、さいたま新都心の建設という現実の課題に対応するための施策でありそれ以上のものではないので、三市合併、三市政令市でなければならないと主張します。では、穏健な四市一町論と穏健な三市論はどうかと言うと、ともに四市一町を理想として認めつつも、国の機関が移転してくるまでには、最低三市合併を実現すべきと考えたのです。両者の異なる点は、前者が四市一町を実現すべき理想ととらえたのに対し、後者は、四市一町は理想として棚上げしつつ、それとは独立して現実の問題を解決するという姿勢だったのです。当時の大宮市議会には四市一町論の強硬派と穏健派がいました。浦和市議会には三市論の強硬派と穏健派がいました。埼玉県は当初、穏健な三市論の姿勢をとっていましたが、さいたま新都心の街びらきが近づくにつれ、次第に、強硬な三市論の姿勢を鮮明にしてきました。私はと言えば、終始、穏健な四市一町論者でした。

さいたま新都心プロジェクトは、自立都市を実現するためには必要不可欠な要素であり、どうしても成功させなければなりません。国の機関が移転してくるタイミングに合わせて最低三市の合併は実現させなければなりませんが、四市一町による合併、政令指定都市化の可能性が少しでも残されているのなら、その実現に邁進すべきです。ただ、そうはいっても相手がある話であり、浦和、与野の意向の他に、上尾、伊奈がどこまで共同歩調をとってくれるのか見極める必要もありました。そこに四市一町論のアキレス腱があったのです。上尾、伊奈の首長、議会、住民が共同歩調をとってくれなければ浦和、与野には対抗できません。もし、その見極めが難しいとすれば、四市一町に固執すべきではなく、現実の三市に集中すべきです。

私には、その見極めのブレがあったため、結果的に、私の発言がブレることになってしまいました。正直に、それは認めます。ある時は、さいたま新都心の建設を最優先し、タイムリミットを意識して、三市で合併を進めるべきと発言し、またある時は「ＹＯＵ Ａｎｄ Ｉ プラン」圏域が理想であり、上尾、伊奈と共同歩調をとるべきであると発言しました。ただ、それ

再開発の舞台となる大宮操車場（旧国鉄、昭和 62 年 3 月）。さいたま市大宮区にあった日本貨物鉄道（ＪＲ貨物）の操車場。1927（昭和 2）年開設。東北、上信越などの貨物の中継作業を行う基幹操車場で、戦前、戦後の貨物輸送に重要な役割を果たした。「大宮操駅」、「大宮貨物駅」とも呼ばれ、吹田（大阪府）、新鶴見（神奈川県）とともに三大操車場のひとつだった。1987（昭和 62）年の国鉄分割民営化を経て、2000 年（平成 12）年以降、大部分がさいたま新都心として再開発された。新藤氏はこの新都心建設にあたり旧国鉄との折衝などの重要な役割を果たした。（参照：Wikipedia）

は、上尾、伊奈の現実の状況、特に上尾市長の真意を測りかねた結果、上尾市との協調を諦めたり、協調の可能性に期待したりと、私の心中が揺れ動いていたということに他ならなかったのです。

市域問題は、これまでも述べてきましたが、元々「何のための、かつ誰のための合併、政令都市化か」という思想的対立でした。しかし、思想的正当性という点で四市一町論を葬り去ることができないことがわかると、それを理想論として棚上げする論点が強調されたのです。実は、四市一町論がこれほどまで敬遠されなければならない理由は別にありました。この点を鋭く見極め、最も機敏に反応したのは相川浦和市長と浦和の多くの議員でした。浦和は、四市一町が合併すると地理的に大宮が中心となり、市庁舎の位置を決める際には、南端に位置する浦和は不利であると考えていたようです。さらに、大宮と生活圏を共通にする上尾、伊奈が加わると、数の上でも大宮が有利になり、首長ポストも大宮にもっていかれてしまう恐れがあると考えたのかもしれません。従って、市域問題には、市庁舎の位置と新市長ポストの確保という、都市間の主導権争いを有利に展開するための決定的な要素が含まれていたというのが、誰の目にも明らかなことでした。この結果、市域問題は主導権争いの主たる戦場の様相を呈する展開になってしまったのです。

四、複雑な様相を呈するにいたった市域問題

市域問題は、さらに個人の面子や利害も絡み、より複雑で、ドロドロした様相を呈しました。当然のことですが、他市町と合併すれば、首長も市議会議員も失職し、削減された定員をめぐって、選挙の洗礼を受けなければなりません。そこに個人的な思惑が絡むのは無理のないことといえます。先述したように、四市一町論は、一方で上尾、伊奈の意向を確認しつつ、他方では、浦和、与野との交渉にも当たらなければなりません。けれど、大宮市議会も私も、新井上尾市長の真意がつかめず苦慮していました。新井市長は、四市一町による政令市建設を唱えながら、私が、大宮との事務一元化を呼びかけても一向に動こうとしませんでした。そして、平成十一年八月に、気になる動きが新聞報道されたと記憶しています。それは「翌年二月に上尾市長選があるが、市長が再選された場合、すぐに市が消滅し、自らも失職してしまう合併の道を市長が選択する可能性は少ない」という観測記事だったと思います。新井市長は本当に合併を望んでいるのか。私は疑問を抱かざるを得ませんでした。そんな折、平成十一年八月と十二月に、新井さんがさいたま新都心周辺に土地を購入したことが、新聞記事で明らかになりました。

いずれもマンション建設を計画しているということでした。私たちは、新井さんがさいたま新都心に関心を示したものとして歓迎しました。私財を投じるに値する地域として評価していることに意を強くしたのです。でも、これは後に判明したことですが、新井さんは、上尾市が四市一町へ合流することに対して、実は消極的でした。さいたま新都心への投資は、個人の利殖を目的としたものだったのかもしれません。市長の姿勢は市全体に投影されます。後述の如く平成十二年、住民投票の結果、上尾市は合併しない道を選択し、四市一町の都市構想は果たしえぬ夢として完全に潰えてしまいました。そして、さいたま新都心に、新井氏個人所有のマンションだけが残りました。この事実を、市民はどう受けとめるでしょうか。

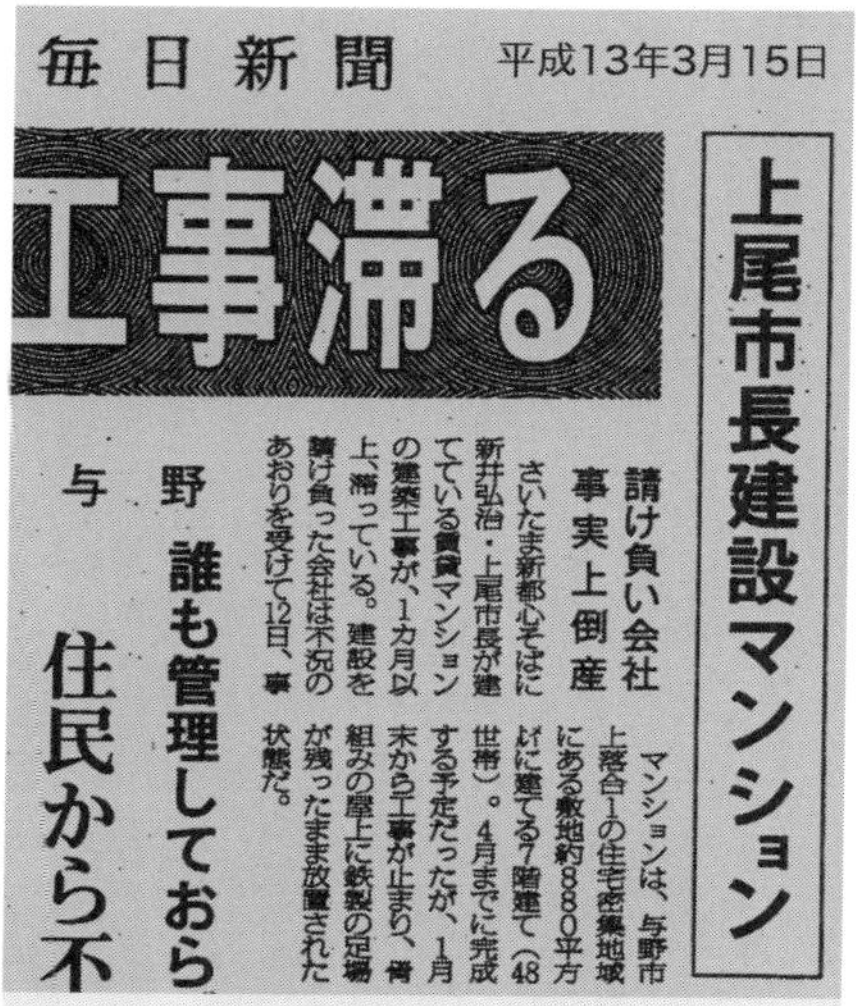
毎日新聞　平成13年3月15日

上尾市長建設マンション

工事滞る

請け負い会社　事実上倒産

さいたま新都心そばに新井弘治・上尾市長が建てている賃貸マンションの建築工事が、1カ月以上滞っている。建設を請け負った会社は不況のあおりを受けて12日、事

マンションは、与野市上落合1の住宅密集地域にある敷地約880平方㍍に建てる7階建て（48世帯）。4月までに完成する予定だったが、1月末から工事が止まり、骨組みの壁上に鉄製の足場が残ったまま放置された状態だ。

与野　誰も管理しておら

住民から不

平成 13 年 3 月 15 日、毎日新聞

五、大宮、浦和間で交わされた議論

市域問題がなぜ「問題」になったのか、その構造は以上のとおりですが、次に、大宮、浦和間で交わされた議論の跡を簡単に振り返っておきます。次章以下では、平成九年から十二年頃を中心に、大宮市長の日々の苦悩と試行錯誤を詳細に述べていきますが、ここでは、それまでにいたる前段階を概略的に述べて、読者の皆さんが理解する一助になればと思います。

平成六年五月十六日、大宮、浦和、与野三市の有志議員で構成する「政令指定都市問題等3市議員連絡協議会」（以下3市協という）の設立総会が浦和市役所で開かれました。参加したのは、共産党を除く各会派の七十六名（大宮二十五名、浦和二十八名、与野二十三名）でした。これが公式の場での、合併交渉の記念すべき第一ページでした。それまで、浦和には大宮に対する警戒心が根強くあり、市議会議員の中にも、合併、政令指定都市化に対して慎重な姿勢が目立ちました。「さいたま新都心など大宮周辺に基盤整備が集中する」、「合併後の中心が大宮に移ると浦和の存在感が薄れる」などがその主たる理由でした。その意味で、三市の議員が協議会のテーブルについた意義は大きかったのです。とはいっても、協議会の名称に、政令指定

平成6年11月、大宮工場100周年

都市問題等と「等」を入れてトーンを弱め、政令指定都市実現への取り組みを積極的に推進するというニュアンスがなるべく出ないよう配慮はされていました。

県庁も新市庁舎も浦和に置く。浦和は市長も市議も最初からそこにこだわっていました。交通の要衝で、経済も発展していた大宮に対し、「行政の中心浦和」は譲れない線だったのでした。従って、それを確実にするためには、合併、政令指定都市化は三市でなければならなかったのです。八月三十一日に開かれた3市協幹事会において、今後の基本的方向が確認され、合併、政令指定都市化の範囲は「浦和、大宮、与野の三市とし、三市が同時に対等合併、その範囲のままで政令指定都市に移行することを想定」とされたのです。浦和を協議の場に引き止めるために、大宮が妥協した形でした。

この市域問題については、その後、3市協の「フレーム部会」で激論が交わされ、十二月二日、三市協総会で「フレーム部会」から中間報告が出されました。その段階では「合併、政令指定都市の範囲は、当面浦和市、大宮市、与野市の三市が中心となり、検討状況及び関連他市の動向を踏まえ、対応するものとする」とされ、四市一町合併の可能性はわずかに確保されました。そして、このときの決議に基づき、翌平成七年に、大宮、浦和では三月、与野では六月に、それぞれの市議会において「合併促進決議」が採択され、三市合併に向けた取り組みが先行スタートしたのです。

六、上尾市、伊奈町の危機感

こうした動きに危機感をもったのが上尾市、伊奈町でした。平成七年三月二十四日、上尾市議会の公明議員団は、政令指定都市実現に向けた要望書を当時の荒井松司市長に提出しました。それは「①政令指定都市の範囲は「YOU And I プラン」の圏域とすること②三市先行は許されるものではなく、四市一町の原点に立つべき」とするものでした。四月四日には、伊奈町の公明議員団が、同様の要望書を当時の小林正一町長に提出しました。民間でも「上尾・伊奈の政令指定都市を実現する会」が、施行されたばかりの市町村合併特例法を利用し、住民発議による「四市一町合併のための協議会設置」を求める動きを始めました。

これに対し、浦和の相川市長は、浦和、大宮、与野三市の対等合併を先行させ、新市が上尾市、伊奈町を吸収合併するという二段階論を提唱していました。これは、明らかに、上尾市、伊奈町で盛り上がっていた四市一町の同時、対等合併論を牽制したものでした。与野の井原市長もそれを支持しました。私は、さいたま新都心の街びらきまでに三市は合併すべきと考えていましたが、もし上尾、伊奈が三市の取り組みの進度に追いついてきた場合には、合併、政令指定都市の実現に向けて共同歩調をとることもありうると考えていました。

上尾、伊奈では、四市一町の合併協議会設置を求める署名活動が行われ、法定数をはるかに超える署名が集まりました。この署名は上尾、伊奈の各首長に提出され、各首長は、大宮、浦和、与野の関係市長に意見を求めることになりました。これを受け、三市長は、九十日以内に、合併協議会設置を議会に付議するかどうかの判断を上尾、伊奈の首長に回答しなければなりません。関係する市の一市でも拒否すれば協議は成立しません。大宮市議会の中には、当然ですが、合併協議会設置に同意し、四市一町で協議を始めるべきだという意見が出ました。

私自身は、それが筋だと思いましたが、浦和が拒否してくるのは火を見るより明らかでした。一市でも拒否すれば合併協議会は設置できません。従って、合併協議会を設置できる可能性は皆無といってもいい状況でした。なおかつ、大宮、浦和、与野の三市は、それぞれの市議会において「合併促進決議」を採択し、三市合併へとスタートを切ったばかりでした。上尾、伊奈からの合併協議会設置請求に同意することは、三市議会の合併促進決議を裏切ることになります。浦和、与野からの反発は必至であり、3市協を通じて積み上げてきた話し合いを振り出しに戻しかねない事態になることは目に見えていました。合併協議会設置請求にはノーと回答せざるをえません。しかし、上尾、伊奈が合併を強く望み、それに向けて意向を集約しているのであれば、私としても、四市一町の同時、対等合併に向けて、浦和、与野との調整を図るべきとその時強く決意したのです。

上尾の荒井松司市長は、その頃「浦和の反対で四市一町同時対等合併が難しければ、大宮、上尾、伊奈の二市一町が先行合併し、然る後に浦和、与野と合併することを有力な選択肢として考えるべき」と表明していました。浦和の相川市長が主張していたのは、浦和、大宮、与野

JACK 大宮・ニューシャトル—1994 年　（絵：秋山静子）

が先行合併し、然る後に新市が上尾、伊奈を吸収合併するという二段階論でした。これに対し、荒井市長の二段階論は「新二段階方式」と呼ばれました。大宮市議会の中にも同様の可能性を探るべきと主張する市議がいました。そして、大宮市議会と上尾市議会、伊奈町議会との交流が盛んに行われました。どちらにしても、四市一町による合併、政令指定都市化は実現に向けて順調に歩みだしたように思われたのです。私は、大宮市議会十二月定例会での一般質問で高らかに宣言しました。「より広い範囲での自立都市を実現させていくことが私の理念。さいたま「ＹＯＵ ＡｎｄＩプラン」圏域を基本に据えることが肝要であり、私の理想」と。

しかし、流れが変わりました。平成八年二月の上尾市長選で、現職の荒井松司市長が敗れ、元県議の新井弘治さんが当選したのです。選挙前、新井県議は出馬の動機について「浦和、与野、大宮三市の合併先行を実施されると、上尾市は大きく取り残される恐れがある。(私の手で)いまの事態を打開し、四市一町の同時対等合併を実現したい」と語っていました。新井新市長が容認できるのは四市一町同時対等合併のみであり、浦和、与野が主張する三市先行に対しての反対は明らかで、そればかりか、前市長が推進していた大宮、上尾、伊奈の二市一町先行合併にも反対の立場をとったのでした。

事態がここまで進んできていた中で、それを振り出しに戻し、四市一町での再スタートすることを望んだとしても、よほど強力に運動しない限り、関係市の了解を得られるものではありません。それにもかかわらず、浦和、与野との対話を図るでもなく、大宮からの共同歩調の呼び掛けに対しても積極的に動かない。新井市長の真意は最後までつかみきれませんでした。

七、三市か四市一町か

平成八年七月十二日、県の中川浩明副知事が講演会で、三市か四市一町かの枠組み論は決着すべき時期に来ているという考えを明らかにしました。合併・政令指定都市化は「あと三、四年しかない新都心の完成に合わせるのでなければ、タイミングを失ってしまうのではないか。そう考えると非常にきついスケジュールだ」と述べました。さいたま新都心のために合併するのではありませんが、確かに、それをテコとして合併に踏み切らなければ合併する機運が萎えてしまうのではないか、との指摘も事実でした。私の目に、何度も、土屋知事の顔が浮かんできました。新都心の完成までに政令市ができなければ申し訳が立ちません。私は、平成九年四月二日、上尾市長と懇談しました。懇談の中で次のようないくつかのストーリーを提示し、上

宇宙飛行士、若田光一さんふるさと歓迎会パレードが行われ、街中が沸いた（平成8年2月23日）

尾市長の意向を確かめたのです。

①大宮・上尾・伊奈の二市一町が合併し、その後浦和・与野と合併する

②大宮・浦和・与野の三市が合併し、その後上尾・伊奈が合併する

③上尾・伊奈が先に合併する

私からの提案に対し、新井市長は「新都心は成功させてもらいたい」「上尾・伊奈のために暗礁に乗り上げては申し訳ない」との返事がありましたが、それ以上の明確な意思表明はとうとう聞けませんでした。私は、新井市長の返事を聞き、二市一町先行合併へと踏み切れるタイミングではない、と判断しました。そこで私は、取り敢えず大宮、浦和、与野の三市先行合併を前に進めることに軸足を

置くことにし、機が熟してきたときに、上尾、伊奈が参加できる可能性を確保しておこうと考えました。三市合併の後、なし崩し的に三市だけで政令指定都市となることだけは絶対に避けなければなりません。上尾、伊奈の議会、商工団体からも合併、政令指定都市化への熱い期待が聞こえてくる限り、その期待に応えなければならない。私はそう思ったのです。

その後、三市で任意の合併協議会を設置する動きが加速しました。三市の市議会において決議される案文も合意され、その中に次の文言が挿入されました。

「なお、新市建設後の政令指定都市の実現の際には、上尾市、伊奈町等の意向を尊重し、誠意をもって対応するものとする」

そして、平成九年七月七日、三市がそれぞれ臨時議会を開催し、任意の合併協議会設置が決議されたのです。

第三章　浦和市・大宮市・与野市合併推進協議会
（任意協議会）

一、合併協議会の会長決定

市町村の合併手続きを行う場合、地方自治法と合併特例法に基づいて合併協議会を設置し、そこで合併することの是非を含めて、合併に関するあらゆる事項（例えば、新しい事務所の位置、職員等の身分や各種福祉制度の取扱いなど）の協議を行うこととなっています。これを「法定合併協議会」と呼んでいますが、実際には、「法定」の手続きに入る前に「任意」の合併協議会を設置し、そこで、事前に実質的な協議を行っておくことが多いのです。平成九年七月七日、三市の臨時議会において一斉に決議されたのは、この任意の合併協議会の設置でした。「浦和市・大宮市・与野市合併推進協議会」が正式な名称ですが、以下では「任意協議会」と呼ぶことにします。任意の協議会自体は法定の手続きでないため、自由な協議が行える反面、関係自治体同士のエゴが真正面からぶつかり合うこともあり、結果的に、合併が破談になってしまうこともあります。あいまいな協議が長時間続けば、逆に合併の機運がしぼんでしまうことになりかねないのです。任意協議会は、委員の選定や議題の選定、進行方法などを工夫し、円滑かつ迅速に協議を行う必要があるとされているのです。

任意協議会の開催に向け、三回にわたり準備会が開かれました。三市の市長、助役、担当部長、市議会議長、議会代表等が集まりましたが、一番の課題は、会長職を誰に要請するかでした。下馬評では、三市の市長や県の副知事、行政経験のある学識経験者等々、いろいろな方の名前が挙がりましたが、原則として、三市長は会長に就任しない旨の申し合わせができていました。結局、最終的には、さいたま新都心に国の機関を移転することに関してご尽力いただいた石原信雄さんに会長就任をお願いすることに決めました。三市長で一緒に石原さんを訪れたところ、これまでの成り行きをよくご存知で「この合併はうまくいくかどうか心配だ」と懸念を表明されました。石原さんはよほど心配だったらしく、三市長に対して、三市の市長、議長、特別委員長の連名で文書を提出し、その最後に次の一文を付け加えるよう要請されたのです。

新都心クレーン林立―1996 年　（絵：秋山静子）

「なお、本推進協議会へのご参画にご承認をいただくにあたりましては、事務運営が円滑に推進できますよう、三市が一致協力し新市の建設に邁進することをお誓い申し上げます。」

つまり、三市が一致協力して新市建設に邁進する旨の誓約書の提出を求められたわけです。石原さんは、自治省に入省し、自治事務次官を勤めた後、内閣官房副長官として、竹下、宇野、海部、宮沢、細川、羽田、村山の七人の総理を補佐してきました。その後、地方自治研究機構理事長の他、埼玉県産業文化センター（大宮ソニック）理事長なども歴任し、土屋知事のブレーン的存在でした。自治省時代には、つくば市の合併協議が難航した際、自ら出向いて調整に尽力した実績ももっています。さいたま新都心への十省庁十七機関の移転を決定しましたが、その際、畑和前知事との間で「移転までに三市が合併する」との約束を取り付けていたとも聞きました。石原さんとしては、各省庁を説得するに当たり、その約束が不可欠であったに相違ありません。ただし、その時に、自分が約束を実現するための合併協議を陣頭指揮することになろうとは、予想もしていなかったでしょう。

土屋知事とは参議院時代からの長い付き合いで、知事は石原さんのことを「私の知恵袋」と呼んではばかりませんでした。石原さんの会長就任については土屋知事の意向が強く反映されていたのです。県側として、自治省から出向中の中川浩明副知事が副会長に就任し、多忙な石原会長が出席できない場合、会長代行に就く見通しでした。さらに、県の島村秀夫地域政策局長も派遣されることが決まり、県の支援体制が明確になりました。ただし、それから間もなく、中川、島村両氏が異動してしまったので、その代わりとして、当時の武田茂夫副知事と青木信之総合政策部長が県から派遣され、三市の行司役を勤めることになりました。

二、大宮市議会での不祥事

この頃、大宮市議会は、議長選挙をめぐる三年前の汚職が発覚して混乱を極めていました。大宮市議の改選選挙が間近に迫った平成九年十月の上旬、議会内で3Sと呼ばれていた杉崎詩郎議長、斎藤清治政令特別委委員長、設楽浩正政令特別委副委員長の三名が汚職事件との関連を指摘され、大宮市議会百条委員会で追及されるに及び、三名とも任期（十二月二十日）満了後出馬しないことを表明しました。三人とも、「政令指定都市問題等3市議員連絡協議会」以来議会代表として合併交渉をリードしてきた中心人物でした。

これから任意の合併協議会を通じて三市の交渉が本格化するというタイミングで、大宮は貴重な戦力を失ったといえました。ただ、その反面、市長としては、斎藤さんの政治手法に対して相容れないものを感じていたので、議会との関係は、むしろ以前より円滑になるだろうと期待していました。

ところが、野に下った斎藤さんは、反新藤の動きを加速化させたようです。汚職が発覚して検察等の捜査が及んだとき、私が傍観していたことを斎藤さんが快く思わなかったこともあるでしょうし、斎藤さん自身の権威が薄れるのを防ぐためにもと思ったのでしょうか。斎藤さんは、秦元市長、馬橋前市長に対しても市長降ろしの急先鋒として活動していました。今度は、私がその攻撃にさらされることになるのだと考えました。

以上の経緯について、私の手元にあるメモと記憶に基づき、以下、時系列的に述べていくことにします。

三、平成九年

◎十二月十二日

浦和市議（自民党、四名）が、石原信雄さんに要望書を提出。石内勉、青羽健仁、荒川岩雄、長谷川浄意の四市議はその中で、合併・政令市の枠組みをあいまいにしたまま任意協議会を設置することを批判し、「三市合併、政令市は浦和の総意である」と主張。

十八日から任意協議会が発足する直前のこのタイミングで浦和の三市合併強硬派の動きが表

面化。任意協議会は前途多難。

自分の陣営が窮地に陥ると強硬派の活動が活発になるのは世の常だが、浦和陣営内では、大宮の四市一町論が優勢に見えたのかもしれない。

◎十二月十八日

三市合併推進協議会（任意協議会）発足。

会議の中で、高橋正次・大宮市議会議長が浦和市側に質問。

「（先に提出された）要望書の中で『浦和の総意は三市合併、そのまま政令市』とあるが、本当に総意なのか」。

これに対して小林錠・浦和市議会議長は次のように断言。

「市議四人が提出した要望書の内容は知らない。総意ではない」

◎十二月十九日

前日の発言をひるがえし、浦和市議会が小林議長名で次の声明を発表。

「三市合併・三市政令市の基本方針は不動」

浦和市議会の内部事情は分からないが、小林議長個人の問題というより、議会内の複雑な力関係を反映か。三市合併強硬派の影響力は強い模様。

◎十二月二十日

大宮市議会高橋議長が、浦和市議会議長の声明に抗議し、声明を発表して政治的、道義的責任を追及。

「協議会の回答内容と異なる声明文を発表したことは、相互の信頼を傷つけるもので、今後の協議会の運営上も重大な疑問を抱かざるを得ない。すみやかに政治的、道義的責任をとるべき」

「(上尾市、伊奈町の意向を尊重するとした) 任意の合併協議会設置決議や協議会規約の趣旨に反するもので絶対に容認できない」

◎十二月二十三日

県議との懇談の中で、浦和市長は、七月七日の三市一斉決議を尊重することを確認。浦和市長および議会の本音は、あくまで三市合併・三市政令市だが、七月七日の三市一斉決議で「なお、新市建設後の政令指定都市の実現の際には、上尾市、伊奈町等の意向を尊重し、誠意をもって対応するものとする」と決議した以上、それを否定してそれ以前の状態に戻ることは無理。浦和にできることは、それを認めた上、そこから一歩も前に出ないこと。

逆に大宮は、「なお」書きから一歩でも前に事態を進展させることが最大の課題。

四、平成十年

◎二月十一日

任意協議会を前に、石原会長に毎日新聞がインタビュー。

「大事なことは三市の合併。（上尾、伊奈を加えるかどうか）私が決めることではない」

◎二月十三日

第二回の任意協議会開催。大宮では、市議会議長選挙をめぐる汚職事件の影響で、市議会代表の任意協議会委員に変更があった。沢田年議員（政令特別委委員長）が引き続き協議会委員を務めるほか、鈴木弘議員（市議会議長）、鶴崎敏康議員（政令特別委副委員長）、石塚眞氏（同）が新たに委員に加わる。

任意協議会で協議されるのは、合併方式、合併の期日、都市の名称、来年度の予算、事業計画などだが、それらを三つの小委員会に付託し協議を進めることになった。

大宮の沢田議員は、昨年の浦和市議会議長の声明に対し「三市での決議に反する」と再度小林議長の意見を質した。しかし、浦和市議会内の力関係に苦慮する小林議長は沈黙を守る。「設置決議を尊重すると言ってくれれば了解する」と誘い水を示したにもかかわらず浦和は沈黙。

また、大宮から政令市の協議も同時にすべきと主張。

鶴崎「三市の決議に基づき、『なお書き』も含めて大宮市では政令市は四市一町で推進したい。合併イコール政令市という協議をしたほうがいいと思う。協議事項に入っていないが四市一町での政令市について協議することを確認してほしい」

大宮が最も懸念したのは、政令市の枠組み（市域）が後回しになったままその他の協議が先に進み、「三市」の枠組みが固定化してしまって、四市一町での政令市移行が事実上困難になるという事態。浦和の戦略はまさにそこ。大宮としては、公開の場で議論し、世論を味方につけることで四市一町の枠組みを早い段階で決めてしまうという思いあり。強硬派の中には、それが受け入れられない限り、今後の協議に応じないという姿勢。だが、政令市問題を小委員会に付託して協議するかどうかは次回会議に先送りされる。

また、鈴木議員は「『上尾市、伊奈町等の意向を尊重』とあるが、大宮市としては『尊重』ではなく、『確約』にして欲しい」と述べた。

こうした大宮側の攻勢に対し、浦和側は騒然としたが有効な反論は行われず。こうした状況に、与野の井原市長が業を煮やす。

「昨年の合併協議会設置決議は三市が合併するということであり、四市一町はどこにも載っていない。…三市の市長、議長、政令市特別委員長がそろって石原さんにお願いに行った。そういうことをお願いしておきながら大宮と浦和が、今この場になってそういうことを言っている。私には心外だ」

◎二月十九日

石原任意協議会会長は、埼玉新聞社主催の埼玉政経懇話会で次のように講演。

「三市合併そのものを遅らせたり、その次に付随する(政令市の枠組みをめぐる)問題で本体が崩れるようなことがあってはならない」

三市合併が実現すれば「新市即政令市という形に当然なる」。

新都心に移転してくる十省庁十七ブロック機関の役割について、関東行政の中心が埼玉に移ることを意味すると紹介。「中央省庁改革基本法案」によると、ブロック機関は「従来の中央省庁が持っている権限に近い権限が委譲される」はずで、「関東地域の公共事業の実施権限は、このブロック機関で決定される」ことになる。

石原会長は、任意協議会会長に就任する以前、大宮で講演した際、次のように述べた。

「埼玉の将来にとって、三市中心に一刻も早く政令指定都市になることが大事だ」

「関係者にも言い分はあるだろうが、周辺の市町を(最初から)含めるか順番を議論している暇はない。小異を捨て、十七の政府ブロック機関が新都心に移転するまでに合併を実現して欲しい」

石原会長のスタンスは最初から明らかだ。国の機関が移転してくるまでに三市は合併し政令市にならなくてはならない。それが合併、政令指定都市化の意味。上尾と伊奈が加わるか否かはその後の問題であり、石原会長はそれに関与するつもりがなかった。

大宮の四市一町論者はショックを受け、危機感を抱く。任意協議会での議論を進めていけば、なし崩し的に三市のまま政令市に移行することになりかねない。大宮の四市一町論者は形勢が不利とみるや、強硬派がますます急進化。その意見が議会を支配する。

◎二月二十三日

大宮市議会で、施政方針演説。その中で三市合併、四市一町政令指定都市を明言。公式の場では初めて。

「合併後の政令指定都市への移行は、(上尾、伊奈の意向を尊重するとした任意の合併協議会設置)決議(七月七日)に沿って四市一町による政令指定都市の実現に鋭意邁進していく所存」。

議会内では不満がくすぶり、代表質問は、四市一町政令指定都市をどのように実現していくのかに論議が集中。

「四市一町という基本線を実現するための生命線が二市一町。三市との合併協議は公式の機関を通じて進められているが、上尾・伊奈との事務レベルのすり合わせはどうなっているのか」（鶴崎敏康議員）

「三市合併後、政令市に移行する期間はそう長くない。それまでに上尾・伊奈の条件が三市と同じ水準になることが必要で、大宮としても三市に対するのと同様の取り組みを二市一町でもすべき」（沢田年議員）

これらに対し、私は次のような答弁を行う。

「過般の決議に沿って、四市一町政令市実現へ努力する。上尾・伊奈とは、事務レベルでの都市行政連絡会議の設置を首長間で合意した。この会議を通じて、合併・政令市への諸問題に取り組んでいく」

自分ながら歯がゆい答弁だった。議会の中で沢田議員は、私同様、四市一町穏健派に属し、少数派。鶴崎議員は四市一町強硬派。このような考え方の議員が議会の九割を占める。四市一町による政令指定都市移行は私自身の公約。しかし、事務一元化の連絡会議を設置することについて新井上尾市長との間で確認したものの、一向に動かず。新井市長の腹の内もつかみきれず。一方、県の土屋知事や武田副知事、青木部長が入れ替わり立ち替わり私にプレッシャーをかけてくる。「確かに四市一町は常道だけれど、先ず三市が合併、政令指定都市化して国の機関を無事移転しよう。平成の大合併の偉大な成功事例として、石原会長の顔を立てよう」私の気持ちは激しく揺れ動く。このときの答弁にはこうした心の動揺が反映された。

◎四月八日

大宮、上尾、伊奈の議員有志でつくる二市一町の合併連絡協議会総会で「四市一町による政令市実現に向けた活動をさらに強力に推進する」との決議を行う。また、会の名称を「大宮市・上尾市・伊奈町政令指定都市推進協議会」と改称。

私と新井上尾市長が顧問として出席し、二市一町の商工会議所会頭と商工会長が来賓として出席。

◎四月九〜十三日

十五日に開かれる第三回任意協議会を控え、三市関係者が、任意協議会の場では、当面、市域を含む政令指定都市の基本事項について審議しないことを申し合わせる。市域問題が建設的な議論を妨げてきた経緯から、先ず、三市合併への確かな道筋をつけることを優先。合併の目的は政令指定都市を創るためであり、政令指定都市についての議論を棚上げするのは本末転倒。政令指定都市についての議論は必然的に市域問題を引き起こすため、石原任意協議会会長が「市域問題は合併協の外で」と要望していることから妥協せざるを得ず。だが、政令指定都市の問題を議論する場を何らかの形で確保しなければ、三市で政令市に移行すること必定。それが次回任意協議会での課題になる。

◎四月十四日

自民党大宮市議団（芝間衛団長、四人）が、七月の大宮市長選で福永剛県議に出馬要請する動きを見せる。

自民党市議およびその支持者からは「三市政令市へ大宮市長も動いているように見える」「今の市政の体制では浦和ペースになってしまう」などの現職批判の声が出されたので「四市一町政令指定都市に理解がある」と福永県議に出馬を要請した模様。福永県議は慎重な姿勢を見せているとのこと。

恐らく斎藤清治さんを中心とするシャドーキャビネット（陰の内閣）が背後で動いていたと思われる。当時の新聞記事には、前年（平成九年）の汚職事件発覚以来、議会の主導権が奪われたのは、市長が事件を静観したためで、その恨みも込められていると書かれていたように記憶する。ありうることだ。

◎四月十五日

第三回任意協議会。

浦和の小林議長が「三市合併、そのまま政令指定都市」は浦和の総意ではないと前回の声明を撤回。決議を尊重すると表明。これにより、浦和市議から石原会長に提出された要望書に端を発する混乱は一応の収束を見る。

協議会は三つの小委員会の設置を決め、それぞれに付託された課題は以下のとおり。

・第一小委員会：合併方式、合併期日、市議会議員定数と任期の取り扱い
・第二小委員会：新市の名称
・第三小委員会：新市の事務所位置

私は特に発言を求め、提案を行う。

「将来の都市ビジョンなど、総論的な政令指定都市の問題を検討する必要があるわけでございます。今後、この政令指定都市への移行に向けての問題については、小委員会のようなものを設置していただき協議されたく、ご提案申し上げる次第でございます」

慎重で漠然とした言い回し。任意協議会の規約では、政令指定都市移行に関する事項を取り扱うことになっており、政令指定都市の問題を扱う小委員会を設置することは極めて自然なこ

と。ただ、それは、権限や事務委譲の研究、先進政令市の調査研究を想定したもので、市域問題（枠組み論）は想定していない。浦和は、その枠組み論を棚上げし、三市で既成事実を積み上げてしまうことがあきらか。枠組み論を持ち出せば、アレルギー反応を引き起こし提案はつぶされてしまう。石原会長や県も、枠組み論の対立により合併協議が空中分解してしまうことを最も恐れているはず。慎重に事を運ばねば。感情に流され突っ走れば失敗する。どうしても、任意協議会の中に、四市一町を主張できる場を確保しなければならない。

◎六月十九日

第四回任意協議会開催。前回提案の政令指定都市のための第四小委員会が認定される。県から派遣された委員も第四小委員会への参加が求められ、それも了承される（県の委員が参加する小委員会は第四のみ）。舞台は整った。

大宮としては、この委員会を上尾市、伊奈町を含めた四市一町政令指定都市への足がかりとして位置づけるが、浦和側は、任意協議会で議論するのは三市の問題に限定するという姿勢を崩さず。「なお書き」から一歩を踏み出そうとする大宮と、そこにとどまろうとする浦和。我々としては、取り敢えず、枠組み論の土俵を確保したことをもって諒としよう。

第四章　四面楚歌——反新藤勢力の攻勢と四市一町強硬派議員の急進化

一、大宮の四市一町強硬派の台頭

　平成九年七月七日、大宮、浦和、与野三市の市議会で合併推進協議会を設置する旨の決議が行われ、そこに「なお、新市建設後の政令指定都市の実現の際には、上尾市、伊奈町等の意向を尊重し、誠意をもって対応するものとする」という一文が盛り込まれました。後に、「なお書き」として争点になった条項です。合併は三市先行でも政令市は四市一町でと主張する大宮の執拗な要求により盛り込まれたもので、合併協議の原点でもありました。しかし、浦和は、これにより枠組み論（市域問題）を棚上げし、三市による合併協議を積み重ねることで、なし崩し的に三市合併、三市政令指定都市を実現しようと考えていました。前章でも述べましたが、石原会長や県の姿勢は、さいたま新都心プロジェクト優先で、まずは三市合併、三市政令指定都市を実現すべきと考えていたので、任意協議会の場での大宮の立場は孤立無援、不利な闘いを強いられていました。

こうした状況下で、大宮の四市一町強硬派の活動が活発化したのはむしろ当然といえるかも知れません。自陣営が不利と見るや急進的なグループが急速に台頭し、多数派を占めてしまうことは、古今東西、あまねく見られる現象です。しかし、背後で反新藤勢力が暗躍し、強硬論に火をつけ煽り立てていたことを知る人は少なかったろうと思います。大宮市議会の議長選挙をめぐる汚職が発覚し、議会の3S、すなわち斎藤清治、杉崎詩郎、設楽浩正の各議員が任期とともに野に下ることで事件に幕引きが行われたことは先に述べましたが、この斎藤さんが反新藤勢力の中心人物だったのです。

斎藤清治という人は、ある意味「力」のある政治家でした。この「力」の源泉は情報であり、他の政治家の行動や弱みをよくおさえていました。以下に引用するのは、ある市議に関するメモであり、斎藤さんからもらったものです。

・昭和四十四年三月二十二日窃盗（万引き）新宿署で逮捕

・昭和四十五年七月二十九日窃盗（部品盗）愛知県チダネ（千種《ちくさ》のことか？）署で逮捕
・昭和四十六年五月三十日　公務執行妨害　池上署で逮捕。共産主義者革命協議会に所属
・昭和四十六年五月三十日　沖縄返還闘争デモで逮捕

斎藤さんはこうした情報を入手し、そして、それをちらつかせながら市議の行動を制御していたようです。多方面でこういった行動をしていた彼は、敵に回すと怖い相手でした。

このように、大宮内部で内なる敵をかかえながら、浦和、与野市長には交渉相手として対峙し、その一方で上尾市長の真意を探るという、複雑きわまりない状況の中で、私の孤軍奮闘の日々が始まったのです。

大宮、浦和、与野三市で合併を協議するための公式な舞台は、前章で述べた任意協議会とそれに付属する四つの小委員会です。一方、大宮内部での動きとしては、定例市議会の他、合併、政令指定

大宮操車場大パノラマ―1989 年　（絵：秋山静子）

都市化を専門的に議論するために市議会内部に設置した「政令指定都市推進協議会」（沢田年会長）が主要舞台でした。また、各市の市議会にも同様の機関が設置されていましたが、大宮市については推進協議会と略称します。

以下に、当時の模様について、時系列で述べることとします。

二、平成十年（七月二十二日〜十一月二十日）

◎**七月二十二日**

一期生（十年会）と鬼怒川。

◎**八月十七日**

第五回任意協議会開催。合併方式を対等合併とすることで正式に承認。なお、新市の名称は、小委員会の中に諮問的機関を設置することとした。

◎八月十八日

「四市一町合併、政令指定都市推進大宮市民会議」（鹿島晃男会長）記者会見。四市一町について大宮市長に申し入れ、以下の同趣旨の声明を発表。

・四市一町政令市は市長の選挙公約、その実現に最大限の努力を

・浦和、与野両市から四市一町の確約をとる

・商工団体では上尾、伊奈を含む合併協議が進んでいる。二市一町の任意協議会の設置を

・合併・政令市は市民の理解を得ることが最も重要、慌てて合併しなくてよい。市議会との連携を図り市民要望を受けた住みよい街づくりを先行されたい

市民会議は、反新藤勢力の拠点で、斎藤さんや杉崎さんが論客として活動する他、後に「三人組」を構成し、反新藤運動を展開する鶴崎さんや芝間さんもここを拠点としていました。本声明は反新藤ののろしであり、以後、それまで水面下で行われてきた反新藤の運動は、四市一町強硬派と連携しつつ公然と行われるようになったのでした。

◎八月二十七日

一期生市議十一人より以下の申し入れがあった。

・上尾市、伊奈町を加えることが理想とする表明と確約を取る

・四市一町のまちづくりビジョンを作り、市民に理解と協力を求める
・市長選の公約を実行し、四市一町政令市実現の具体的方策を講じてほしい
・安易な妥協はすべきでない

◎九月七〜十八日

大宮市議会(九月議会)開催。四市一町政令指定都市をいかにして実現するかに質問が集中。一般質問に二十五人が登壇。議会事務局によれば「ここ十年来で最高の数」らしい。浦和市は三市合併、三市政令指定都市を強く望んでおり、このままでは浦和のペースで事が運んでしまう。大宮市議会はこのことに対し常々強い不安をもっていたが、七日に設置された新市建設計画検討委員会において三市のみでの将来構想が検討された。これにより、大宮市議会の危機感は一気に膨らんだ。多くの一般質問が出された背景にはこうした要因あり。一連の動きの直接の火付け役は、昨年当選した一年生議員、特に鶴崎議員を中心としたフォーラム二十一の吉山議員、高橋議員、細沼議員等だが、この裏には、齋藤さんの影が見え隠れしていたように思える。

八日、議会最大会派の「自民フォーラム二十一」(九人)と、「自民党・市民会議」(五人)の両会派から、四市一町で政令指定都市を実現すべきとの決議案を提出する動きが表面化。これを聞きつけた浦和市議会が「合併自体を壊す可能性もある」と反発。浦和市議会にとっては、

三市で積み上げてきた合併促進決議（平成七年三月）、任意の合併協議会設置決議（平成九年七月七日）を白紙に戻すもの。大宮市議会としては、合併協議会設置決議への「なお書き」の挿入に成功し、四市一町政令指定都市の可能性をわずかながら確保した。次は、これを確実に約束し、実現を保証することで、それ自体は、現在進めている三市による合併努力を裏切るものでは決してない。だが、三市の合併協議はスタートしたばかりなのに、三市か四市一町かをめぐる協議は早くも暗礁に乗り上げる様相だ。

九日、本会議を中断して開かれた推進協議会の全体会で、自民フォーラム二十一は案文取り下げを表明。自民党・市民会議は依然決議案を提出する方針。

浦和、与野、さらに県の意向に抗し、四市一町政令指定都市に向けて一歩でも踏み出したい気持ちは私とて市議会と同じ。といって強硬派の暴発を許せば合併自体が破綻しかねない。浦和、与野に対し有効な一手を打ちつつ、大宮市議会の多数派となってしまった強硬派を抑えなければならない。そのために、昨年の合併協議会設置決議に挿入された「なお書き」すなわち「新市建設後の政令指定都市の実現の際には、上尾市、伊奈町等の意向を尊重し、誠意をもって対応するものとする」を三市間の合意事項として明文化し、確約する方針を答弁。市議会が求めていたのは、浦和、与野から四市一町政令指定都市の確約を取ること。協議会設置決議に挿入された「なお書き」を三市間の確認書として取り交わすことを図ったものだが、明文化することに対しては、浦和、与野に拒否反応があり、両市長に大宮市議会の現状を説明し、交渉の土俵にのってくれるよう説得。

◎九月二十一日

市議会は推進協議会（沢田年会長）を断続的に開催。市議会の思いはわかるが、大宮単独の四市一町政令指定都市の決議は避けるべき。大宮の強い意志を表明するのに有効であったとしても、三市がお互いに意志をぶつけ合うこれまでの協議に逆戻りしてしまう。しかし「なお書き」までは三市で合意している。これを三市間で明文化する方法ならば、浦和、与野もノーとは言えない。二十一日午後から開かれた推進協議会全体会で、四市一町の決議は必要ないと明言。

「埼玉中枢都市圏構想の当初からのメンバーだった、私の理念は四市一町の政令市。一九九七年の三市議会の合併協設置決議に沿って明文化していきたい。どんな形にするか他市長とコンセンサスを図り努力する。その動きを見守ってもらいたい」

「明文化に向け政治生命をかける」

「市議会決議は必要ない」

任意協議会第四小委員会委員でもある鈴木弘議長、沢田会長の二人が「四市一町政令市の明文化に努力する」と決意表明しただけで、ひとまず決着。沢田会長は記者団に対し「重大な決意の中には、明文化されない場合には合併協への参加を見合わせることも含む」と語った模様。穏健派の沢田会長がそう言わざるをえないほど市議会の大勢は強硬。

◎九月三十日

新市名を検討する第二小委員会で、浦和、与野が公募方式を主張したのに対し、大宮は「大宮」を新市名として提案。新市庁舎が浦和なら、市名は大宮でいくべき。

県議の福永剛氏が来庁。「十月八日に開催される第六回合併協議会で、市長から明文化の話が出ない場合は、大宮市議会は重大な決意で臨むこと」との話。

「重大な決意」とは不信任ということだろう。政治生命をかけて明文化に取り組むから動きを見守って欲しいとは言ったが、いつまでというタイムリミットを約束した覚えはない。十月八日というタイムリミットはあまりに唐突。

「誰もタイムリミットのことを言っていないのに、今日突然宣告されるのは、私としては心外である。そんなことをするつもりであれば、私は十月八日までに何の行動も起こさない。どうぞ不信任にしてくれ。私も重大な決意で議会に臨むつもりだ」

と応えた。十月八日というタイムリミットをもち出したのは誰か問い詰めたところ、「それは言えない」とのこと。もちろん予測はついている。

◎**十月五日**

第四小委員会が開催。明文化については三市長へ一任とすることで了解を得る。三市長で審議し、第四小委員会へ報告後、最終的に任意協議会に報告となった。

午後五時頃、議長室で、第四小委員会の明文化については三市長に一任となった旨の結果を市議会に報告し、議会とも連携を図り対応する所存との所信を表明。

委員会委員：新藤、沢田会長、鈴木議長

議員：松本副議長、鶴崎副会長

執行部：川野、石塚、北山

松本議員から、十月八日の任意協議会で、明文化された文書に関係者が署名、捺印しないと市議会の推進協議会が大変なことになると発言あり。「今日提案し了解を得たことであり、十月八日の任意協議会に文書を提出するのは物理的に無理」と応えたが、十月八日の合意がタイムリミットという松本さんの発言が気になる。十月八日不信任を目指した動きが地下でうごめいていたのかも知れない。

◎十月八日

上尾、伊奈の首長と面談。

第六回任意協議会で、井原委員長（与野市長）より第四小委員会での確認事項が報告される。「〝なお書き〟部分の具体的な文章化については、三市長に一任することとし、三市長は議会との連携をはかりつつ、この件に対応していくこととなった。その結果については第四小委員会に報告される」

その後開かれた大宮市議会の推進協議会全体会で不信任の動きは表面化せず。任意協議会に報告された確認事項は基本的に了解され、文章化作業を見守ってくれる模様。

◎十月十二日

大宮、上尾、伊奈の議員による二市一町政令指定都市推進協議会の役員会開催。途中まで出席。「三市では面積が小さいほか、大学の数など、考えれば考えるほど、大きな課題がある」。三市任意協議会では、四市一町政令市を目指して「上尾、伊奈の位置付けにものを申していく」と決意を表明。私が退出した後、上尾市議から「大宮の市長一人で頑張れるのか」との疑問が出され、大宮の鈴木弘議長が「市長は政治生命をかけている」と説明し理解を求めたとのこと。逆に大宮側から「合併協議が緊迫した局面を迎えているのに、上尾市長の真意があいまいで分かりづらい」と質問し、上尾側は「市長は議会答弁で『積極的に四市一町に取り組む』と明言している」と答弁。大宮、上尾間にあるといわれた温度差を打ち消す発言があったとのこと。

◎十月十四日

夜、明文化の私案を一人で作成。

◎十月十六日

「三市合併・政令指定都市推進浦和市民会議」（会長・吉野重彦浦和商工会議所会頭）が、「三市合併・政令指定都市を早期に実現してほしい」とする要望書を浦和市長に提出。

◎十月十七日

西部文化センターで、明文化の私案を検討。鈴木弘議長、松本敏雄副議長、任意協議会委員（沢田、石塚、鶴崎）一同了解。

「新市成立後、ただちに上尾市、伊奈町との合併協議を開始し、両市町を加えた政令市を実現する」

「確認内容を文章にまとめ、新市に引き継ぐ」

◎十月十九日

午前九時三十分、鹿島、斎藤、関根（元毎日新聞記者）、阿久津の各氏来庁。反新藤勢力の

ボスたちだ。埼玉、毎日、東京、産経新聞の各記者が同行。

鹿島：三市合併三市政令市という浦和の声が大きく聞こえる。

関根：浦和市長は、任意協議会や委員会では三市政令市（という本音）を言わず、使い分けている。

鹿島：石原氏も三市政令市とのことであり、問題である。

斎藤：大宮の声を大きくしてくれ。議会も弱い。頑張らないといけない。場合によっては喧嘩してくれ。

斎藤・鹿島：委員会は浦和ペースで、協議会は単なる報告会になっている。

新藤：大宮はよくやっている。（政令市問題を議題とする）第四小委員会も大宮の提案であり、一〜三の委員会より充実している。それは、第四には県の部長が入っているからだ。他の小委員会は三市の委員のみである。

また、『なお書き』のことばかり言うが、決議文全体を守ることが必要だ。

鹿島さんも、浦和、与野に会って、市民会議の声を伝えて欲しい。

私の考えは、なぜ政令市が必要かという理念であり、グローバルな視点でものを考えようと、過日のロータリーでも話し、関根さんも同感してくれた。合併と政令市は異なる。三市合併は

桜木町４丁目よりのソニック—1998 年　（絵：秋山静子）

誰も了解しているし、その後の政令市はグローバルに考えよう。岩槻、桶川、戸田もＯＫという気持ちが必要である。

◎十月二十五日

浦和、与野市長との打合せ前に埼玉新聞が私案すべてを報道。明文化の私案を相談した議員の一人がリークした模様。相川、井原両市長は、私から手渡したものなら検討しようがあるが、新聞報道で知ったのでは立場がない、と発言。両市議会の突き上げが必ずある筈。この私案が議論のベースになるのは難しくなった。私案は単なるたたき台に終わる。

◎十月十六日

私案というより「たたき台」を浦和、

与野市長に届ける。両者からかなり皮肉を言われた。それもやむを得ない。全く面目のない話だ。

◎十一月六日

大宮市議会の推進協議会全体会開催。沢田会長以下、推進協議会会員二十六名が出席。執行部から石橋理事、大谷局長、横山室長等が出席。私は後で結果報告を受ける。

先ず石塚議員から経過報告。十月三十日に開かれた「新市名検討委員会」で「市名は公募方式で」と決められたことを受け、十一月二日、新市名を検討する第二小委員会を開催。浦和、与野は検討委のとおり公募でという意見。大宮は公募も否定しないが、この場での決定は待ってほしいと回答。十一月十日の第二回検討委までに大宮の結論を持ち越す。その後の意見交換で、新市名の公募は回答を留保する。またフレーム（四市一町）および明文化の決定まで、小委員会への欠席も決定。主な発言は以下のとおり。

大谷：十一月十日までに決めるとなっているが、フレームの話は出ていないのか。フレームが決まってもいないのに名前は決まらない。生まれてくる子どもが男か女か分からないのに名前をつけるようなものだ。

島村：十日の回答は第四小委の結果を待つということでまとめてほしい。

湯沢：四市一町の道筋がついた中で改めて検討するというのがいい。

松本：問題は第四小委が見えてこないところにある。他の委員会との関係もあり、第四小委の結論（明文化のこと）が出るまでは、それぞれの小委員会に大宮市議会としては出席しないことにしよう。文書をもって行うことがいい。

沢田：ちょっと待ってほしい。私は第一小委員会の会長で委員会を招集する立場だ。現に十三日には委員会を行うことになっている。

島村：出るな、とは言っていない。会議に出て、ちゃんと説明すればいい。

〔そのとおりとの声あり〕

鶴崎：十日までの第二小委への回答も今日の結論を伝えることとする。

◎十一月八日

午後六時三十分。ふれあい工房で任意協議会委員の鈴木議長、松本副議長、沢田議員、鶴崎議員、石塚議員と明文化についての打合せ。

私から、十一月二日、浦和、与野両市長と打合せを行った旨報告。浦和、与野の考え方は、上尾、伊奈の意思表示がない段階で「新市成立後、ただちに上尾市、伊奈町との合併協議を開始」するのはおかしい、上尾、伊奈の意向を確認した上で合併協議を開始すべきと主張していると説明。
沢田：上尾・伊奈の様子を見ていると、強い意思表示を行うことは難しそうだ。
鈴木：上尾の首長が誠心誠意を示すことが必要であるように感じる。
石塚：上尾市長の胸の内が見えない。
松本：九月議会でも四市一町をはっきり上尾市長は言った。住民発議もあったので当然上尾市議会も市長も一体として受けとめるべきだ。
新藤：九月議会の発言を聞いても、先日の上尾市政四十周年で訪問した際にした話からも、いまいち私にも見えない。それに、住民発議をした際の市長は荒井松司氏であった。
石塚：第四小委員会は関係者の出席ができることになっているので上尾、伊奈の出席を求めてはどうか。
新藤：私もそう思っているが、そのためには事前の調整が必要と思う。上尾・伊奈・大宮の首長と正副議長がテーブルにつくのが一番いいと思う。上尾市長には私が話をするので、議会は議会で話をしてほしい。
一同：了解。
沢田：二市一町の政令指定都市推進協でも話をする。

同日夜、鈴木議長に電話。

新藤：十四日までには上尾市長と連絡をとるが、十三日の小委員会をボイコットするのは止めてくれ。そうでないと明文化をめぐる十四日の、浦和・与野との打ち合わせが流れる可能性がある。

鈴木：私もそう思う。副議長と話し、役員会を開く。

松本：それから、浦和・与野が主張する、上尾・伊奈の意思確認はもっともだと思う。

◎十一月九日

鈴木議長の要請を受け、芝間議員に、明文化についての浦和、与野の意見と打ち合わせ内容を説明。新藤試案をもって上尾市長に会う旨を伝える。

芝間議員から十一月六日の決定は、任意協議会小委員会への不参加を全会一致で決定しているので、第四小委員会の結論を得るまで議会代表は参加しない、となったとの話あり。私は、市長が出席しないと明文化できないので、議会は出なくとも自分は出ると回答。

◎十一月十二日

上尾市長を訪問。大宮、浦和の意見を提示し話し合う。想像通り、上尾市長ははっきりした意思表示を回避。

新井市長は「浦和が言っているような意思表示は行うつもりがない。なぜなら、意思表示を行っても断られる可能性があり、そうなれば面目がない。その点大宮案の方がよいが、その場合でも大宮市が新市の市長になってくれたら、断わられることがないのでもっといい」と持論を表明。

第四小委員会での出席を要請。日程が合えば出席するとの回答を得る。小委員会をボイコットする動きは止められず。明日予定の第一、第三小委員会が、大宮市議のボイコット決定を受けて延期される。大宮市議の態度には批判的な声もあがっている。

◎十一月十三日

朝九時から市長室で、鈴木議長、松本副議長、沢田、石塚、鶴崎、田中、芝間各議員と明日の三市協議に備え、明文化のための打合せ実施。マスコミに知られないよう秘密裏に行うつもりだったが、記者が五人前後市長室に来る。秘密が守れず。

◎十一月十四日

明文化打合せ（第一回）

三市長―議長―特別委員長

（大宮）新藤―鈴木―沢田

（浦和）相川—石塚—帆足
（与野）井原—嘉藤—岡田
「新市建設後、上尾市、伊奈町の合併の意向を確認の上、速やかに合併協議を開始する」とする調整案を大筋で合意。

◎十一月十六日

水戸で、大宮市議会議員団総会開催。その後、推進協議会の全体会に変更し、小委員会欠席を通知する文案を決定。

浦和市議会は、自民党（十六人）が「（十四日の）調整案は四市一町に道を開くもの。浦和の確認は三市合併・三市政令市だ」として拒否を確認。「大宮が強引ならご破算もやむなし」と強硬意見が多数を占めた模様。

◎十一月十七日

（午前）推進協議会全体会議が引き続き水戸で開催され、三市調整案に同意しないことを決議。明文化の文案を決定（いわゆる水戸案）。

「新市成立後、上尾市、伊奈町を含めた政令市を二年以内に実現する」

執行部と議会が一体となって初めて市民生活は安定する。その間に隙間があれば市民生活は不安定となる。小委員会のボイコット、明文化の文案等、大宮市の将来に関わる重要事項を執行部に相談なく議会のみで決議するのは問題。

この日早朝、土屋知事の特別秘書高橋秀明さんから電話あり。昨日、土屋知事が斎藤さんと二十分ほど面談したとのこと。斎藤さんは、知事選の際土屋知事を支援し、市議の票をとりまとめることに功績があったと聞くが、昨日の面談では、知事が斎藤さんに合併への協力を求めたようだ。しかし斎藤さんは態度を保留したらしい。最後に「時間をくれ」と言って帰ったとのこと。高橋特別秘書から次の依頼あり。

「新藤さんが斎藤さんと直接会うのは難しいと思うので、鹿島さんと会って協力を依頼して欲しい」

株式会社サイカン土屋社長の秘書の方から斎藤さんに関する情報連絡あり。この企業の社長、土屋さんは、私を応援してくれ、後援会長も務めてくれた。一方で斎藤さんとも接点を維持。この社長秘書が、斎藤さんのもくろみは次の点にあると、教えてくれた。

①相川市長を、義弟が保険金殺人容疑で逮捕（埼玉県警捜査一課と浦和署、一九九八年十一月十七日）された件で辞任に追い込む

②新藤市長を電話問題（私の電話料）で辞任に追い込むと同時に不信任案を提案する。可決

できる票数は確保した（自民、ネット、フォーラム、共産）

③大宮・上尾・伊奈の二市一町で合併し、大宮がリーダーとなり、斎藤氏の意向に沿う人を市長に据える

これは推測に過ぎない話として受けとめたが、いかにも斎藤さんが考えそうなことに思えた。今は合併問題が流動的で、一刻の猶予もならないタイミングだというのに。

もちろん、斎藤さんのもくろみが徒労に終わったことは言うまでもない。

◎十一月十八日

明文化打合せ（第二回）――三市長協議――が行われるも、三市長で合意できず。各議会で再度検討することに。

大宮が提示した確認書案は、「新市成立後、上尾市、伊奈町を含めた政令指定都市を二年以内を目標に実現する」というものだが、打合せ後持ち帰った調整案は「新市成立後、新市は上尾市、伊奈町の意向を確認の上、速やかに合併協議を開始するものとする」だった。浦和、与野は上尾、伊奈の意思確認が必要であるとして譲らない。大宮は「上尾市、伊奈町の意向は、すでに明らか。浦和、与野案では、指定市移行時までに両市町との合併が間に合わないかもしれない」と反論。けれど、浦和・与野は「九五年の両市町の住民発議から時間がたっており、

合併についての意向の確認は必要」と譲らず。十二日の上尾市長との面談で、新井市長は、四市一町政令指定都市の実現に向けて明確な意思表示を行わない可能性あり。浦和、与野は上尾市長の意向が分かった上で意向確認にこだわった模様。意向確認すれば四市一町は流れる。そんな読みをしたと思われる。以前から、浦和の相川市長と上尾の新井市長が頻繁に電話のやり取りをしていたことは、上尾の秘書と私の秘書の情報交換の中でつかんでいた。二人はともに県議を務めていた時期があり、お互いに「弘ちゃん」「宗ちゃん」と呼び合う仲。四市一町への道のりは遠い…。

◎十一月二十日

高橋特別秘書からの連絡を受け鹿島さんと会う。私から合併についての協力を依頼。鹿島さんの主な発言は以下のとおり。

①四市一町の担保が必要
②大宮・上尾・伊奈で合併を考えている
③新藤の四市一町は浦和の三市に押されているように見える
④新藤の姿勢は三市政令市のように見えるので、馬橋元市長から言ってもらおうという意見もある

第五章　大宮市議会、任意協議会をボイコット——合併を壊すつもりか

一、市域問題が泥沼化

任意協議会では当初、市域を含む政令指定都市の基本事項については審議しない方針でした。市域問題が建設的な議論を妨げてきたという認識があったからです。しかし何が本当に「建設的」であるかは疑問でした。市域問題に決着をつけることこそが建設的だったのです。でも、市域問題が、町づくりのビジョンを離れて泥沼のような議論にはまり込んでしまったのも事実です。市域問題には関係者のアレルギーがあります。ですが、我々としては、四市一町を訴え続ける場を確保しておかなければなりません。そのために、第四小委員会を設置し、その次に、

新都心と稲穂―1999 年　（絵：秋山静子）

この場を使い「なお書き」の明文化、すなわち四市一町政令指定都市の確認書を提起しました。ここまでは、遅々とした歩みながら四市一町に向けて着実に動いてきたつもりでした。しかし明文化は、二ヵ月以上経とうとしているのに結論に至らず、市長間での交渉も暗礁に乗り上げる。また、議会間で再検討されることになったにもかかわらず、全く先が見えません。今歩んでいるこの道は、三市合併、三市政令指定都市にしか通じていないのか。わたしは、そう考えた時、どうしようもない虚脱感に襲われ「やめた」と言って投げ出してしまいたい気分に駆られました。私は酒を飲みません。市長になって止めたのです。だから、酒の力を借りることはできません。でも、やるせない気持ちになる時はサウナに行きました。少し車で走って、自分の顔が知られていない所まで行き、サウナで汗をかいてくる。そうすると、もう少しやってみようかという気分になるのです。もし私が投げ出したら、さいたま市は現在とは違った形になっていただろうと思います。なぜなら、当時の私は、大宮が四市一町政令指定都市を目指すための最後の砦だったからです。

市議会の九割は強硬派に支配されていました。彼らはこう主張します。「合併は四市一町政令指定都市を目指したものであり、さいたま新都心のためではない。四市一町政令指定都市への道筋が見えない限り、三市で合併する意味はない」と。彼らにとって任意協議会は協議の場ではなく、三市合併を事務的に進めて行く場に映ったのです。「やってられない」という気持ちは彼らにもあったと思います。その意味で、合併協議は空中分解する一歩手前でした。

当時の私の気持ちをハムレットにたとえたことがあります。四市一町政令指定都市の実現は私の公約であり、心からの、真実の信念です。浦和の抵抗、上尾市長の真意などがあって、信念を貫くことの難しさ（四市一町政令市は実現できないかもしれない）を感じ、三市合併から勇気をもって撤退することも必要ではないかと考えたこともあります。たとえ三市合併、三市政令指定都市となろうとも、さいたま新都心プロジェクトを成功させ、政令指定都市に相応し

さいたま新都心（スーパーアリーナと合同庁舎）―1997年　（絵：秋山静子）

い都市を埼玉県に創り上げることに賭けるべきではないかとも考えました。それは大宮がずっと主張してきた理念をひるがえすことになりますが、私の気持ちは、それ程に揺れていたのです。その頃のメモ等は、以下のとおりです。

二、平成十年（十一月二十六日〜十二月二十四日）

◎十一月二十六日

十五時から大宮市議会推進協議会全体会議が開催。十一月三十日開催予定の第七回任意協議会に欠席することを決定する。

夕方、議員代表が来たので、私は出席する旨話す。

◎十一月二十七日

鈴木弘議長等大宮市議三人が、任意協議会への欠席を通知した文書を県に提出。これに対し、県は武田副知事名で遺憾の文書を手交。それに

さいたま新都心—1997 年　（絵：秋山静子）

は次のような言葉があった。

「『なお書き』はあるが、先ず三市で合併を成し遂げることが大前提だ」

「一方的な欠席通知は、石原会長に対する信義に反する」

「関係者の間でさまざまな意見の相違があると思われるが、大きな目標達成のために小異を捨てて、大同につくという姿勢で取り組んでほしい」

◎十一月二十八日

武田副知事、青木部長、三市長で対応策を協議。

◎十一月三十日

十二時三十分から大宮市議会推進協議会役員会開催。そこに出席し、自分は任意協議会に出席する旨話す。


任意協議会開催前の定例記者会見では次のように答弁。

「議会は議会なりの考えがあるのだから、コメントは控えたい。現在の心境はシェイクスピアのハムレット。（私の出席は）考えに考え、悩みに悩みぬいた末の出席だ」


十六時から第七回任意協議会開催。大宮の四市議が欠席したため、決議は行われず、報告のみ。私は最後に意見を述べる。

「合併は政令市のための一つのステップ。〝埼玉の顔〟を作るという理念は変わっていない。今後も議論は必要」

任意協議会は三市の合併協議の場とする浦和、与野、県の主張に対し、上尾、伊奈を合わせた政令指定都市を目指す必要があるという主張を改めて述べたもの。
◎十二月九日
大宮市議会一般質問で、斎藤建二議員(自民党・市民会議)が、「市長はハムレットでなくドン・キホーテになるべきだ」と述べる。考え悩むハムレットより、四市一町に向けて猪突猛進するドン・キホーテこそふさわしいというご指摘。議会代表が合併協に欠席したのに市長が出席したことを批判したもの。合併協議が壊れるかもしれないというリスクを冒して猪突猛進などうしてできようか。
◎十二月十一日
上尾市議会が開かれ、一般質問で新井市長が答弁。政令市の市域は「四市一町が必要最小限」と言明する一方で「単なる吸収合併で上尾がなくなることは、市民の合意が得られるかどうか。私自身もいかがなものかと考えている」と述べ、四市一町同時対等合併の主張を繰り返す。今必要なのは主張ではない。共に行動して欲しい。

◎十二月十五～十九日

三市議会で、明文化のための準備会（話し合いの場）を設置したものの、結果的には不調に終わる。この話し合いに自民党浦和市議団（帆足興之団長）は出席せず。

◎十二月十六日

上尾、伊奈の首長が来庁。鈴木議長、松本副議長の他、市議会各派の団長、石塚議員、芝間議員、鶴崎議員が同席。

新藤：明文化に政治生命をかけている。十二月にも入り時期的にもそろそろなので両首長さんの意見を聞きたい。

伊奈：大変お世話になります。明文化については、どこの市のものでも結構であり、政令市のときに声をかけてくれれば。私たちのために合併協に迷惑をかけたくない。

松本：今が一番苦しい時だから頑張って下さい。四市一町のために大宮はやっているのだから。

上尾：ありがとうございます。大宮の気持ちに感謝している。率直に言えば、合併すれば、大宮の市長も議員も再度、市長、議員になる保証はない。だから、それがわかるようにしてもらいたい（明文化しておくということ）。

新藤：そのために明文化に政治生命をかけている。

芝間：新藤市長の四市一町にかける気が弱いから上尾に心配をかけている。

――激論――

上尾：我々の所は、桶川寄りの市民も多くいる。そのため、合併ということになると、住民投票を考えないとできない。しかし、三市の合併に水を差すものではないし、三市の合併に支障をきたすようにするものでもない。

――松本、芝間両氏が矢継ぎ早に説得のための意見をいう――

――石塚氏がたまりかねて今日までの経過を話し、再度激論――

結果として、両首長が話したことを大宮側が受けとめず、逆に説得するような形となったことは、両首長に大変失礼なこと。両首長の前で、大宮内部が激論する場面を見せたが、両首長はこれをどのように受け止めただろうか。

上尾と伊奈が、十二月定例議会で「四市一町による政令指定都市実現に関する決議」を提案する動きあり。大宮市議会でも同趣旨の決議を提案するよう要望中。上尾市議会は危機感を大宮市議会と共有しているが、上尾市長との間には依然温度差あり。

◎十二月十八日

大宮市議会の本会議を中断し、推進協議会を開催。「四市一町政令市実現」に関する議会決議について、議員間で意見が分かれ紛糾。結局、市議会の会期を二十二日まで延長し散会する。

自民フォーラム二十一、自民党・市民会議、市民自治ネットワーク、無所属一人の計十七人が、二十四日の任意協議会を前に、大宮市議会として「四市一町」の意志を明確にしておくと、「四市一町決議」に賛成。政新会、公明、友愛クラブ、無所属一人の計十三人が、「三市」を求める浦和側との交渉に配慮し決議に難色を示す。他に共産党(七人)が反対に回ると見られ、現在のところ可決は難しい状況。

私は、推進協議会に途中から出席して意見を述べる。

「四市一町政令市化という終局の目標は市議会と同じだが、議会決議をすることで確認書がまとまるだろうか。(三市の)合併が壊れたら埼玉に二度と政令市は(でき)ないと確信している」

◎十二月二十一日

上尾市議会が「四市一町で政令市実現を」と決議。伊奈町は既に十七日に決議している。

◎十二月二十二日

大宮市議会本会議で「四市一町決議」が可決。採決にあたり、共産党が退席したため、賛成多数となる。私としては、浦和側との今後の交渉に配慮し、採択は得策でないと訴えてきたが功を奏さず。合併自体が破談になるのではないかとの考えが頭をよぎる。

市議会は、この決議の賛否討論で行われた発言をめぐって紛糾。会期を再度二十四日まで延長する。沢田力議員（無所属）が、「大宮市議会は冷静な判断を失って、ただ強力な情熱だけで『暴走する暴徒』に変わってよいのでしょうか」との討論文を読み上げたことが原因。「暴徒」という発言が「議会の民主的秩序、規律を踏みにじる発言」とされたのだが…。結局、沢田議員に対し、二十五日「出席停止五日間」の処分が出される。

◎十二月二十四日

大宮市の委員八人全員の欠席で、任意協議会は流会となる。議会代表者にとっては既定方針に従ってのボイコットだが、執行部としては、議会が会期延長されたことに伴い、議会に出席するためやむなく欠席したもの。

石原会長は、この日の記者会見で、次のように述べる。

「私は三市合併の協議会の会長を要請されて引き受けた。政令指定都市の枠組みの要請は受けていない。市域の問題は私の使命ではない」

三、平成十一年（一月八日〜一月二十七日）

◎一月八日

午後四時頃、高橋正次さんと電話で連絡をとる。高橋さんは、明文化案（確認書文案）をめぐり、市議会各会派と精力的に調整している。昨日は石塚団長に来てもらい話をし、今日は鶴崎団長と清水幹事長を呼んで話をしたという。

鶴崎さんには「今日明日の内に市長と連絡をとって、今日自分に話したことを市長に言って、早期に調整する」旨の話をしたとのこと。でないと任意協議会への出席が間に合わなくなるとも言っておく。「市長のところに、日程調整の依頼があると思うのでよろしく」とのことだ。

◎一月十一日

鶴崎団長、清水幹事長が来る。両氏の意向は高橋さんの電話で聞いていたとおり。

①大宮案（水戸案）のどこが問題なのか教えてくれ

②ネックとなっている部分を推進協議会の役員会なり全体会の中で話をしてくれ

③その結果をふまえて、各会派が再度大宮案を持ち帰り、案作りを行う

④役員会なり全体会の場は議会でセットする

以上について話を聞き、どこがネックになっているのか両人に説明。

◎一月十四日

八時～九時　三市長および武田副知事、青木部長と話し合う。

（浦和）昨年十一月十八日の時点では妥協も可能であったが、今日に至っては、大宮の四市一町決議もあり、呑むことはできない。

浦和は確認書について協力はできない。

（与野）このように県に協力を求めることは、浦和・与野が信用できないということであり遺憾である。

なぜ平成九年七月七日の決議書を信用できないのか。

結果的には、（浦和、与野とも）大宮に協力する形で文案を整理することになった。

（浦和）（市長のみの単独調印について）市長が本文案について、全責任をもって対応するのであり、浦和の議会との連署であるとすれば、議会は反発し、文案の整理はできない。これは、私（相川）が責任をもって対応するとの決意である。

九時半～十時　大宮市議会に対しての調整。

（鈴木議長、松本副議長、鶴崎、石塚）

松本副議長から、浦和市議会が署名しないことへの批判あり。私から次のように話す。「浦和市長が全責任をもつとのこと。平成九年七月七日の決議書は市長も知ってはいたが議会で決議している。それと同じように、浦和は、議会とデリケートな立場にあっても市長が責任をもつとのこと」で、今度は、平成九年七月七日とは逆の形で議会と連携し、市長名で署名する。

十時〜　大宮市議会に対する調整

（市議会各派代表者）

松本、芝間両氏から意見はあったが、市長名の署名で可ということになる。

昨年から何回か県に状況を話し、協力も求めてきたし、浦和、与野にも出向いて協力を依頼してきた。その努力が報われつつあると感じる。対外的な努力は報われつつあるように見えたが、しかし…。

◎一月十五日

十九時半頃、鈴木議長より電話。確認書の件で高橋正次さんが心配しているとのこと。青木部長、村田次長も来ているので、高橋宅へ来てくれと言われる。そこで、火葬場建設に関わる説明会の後、高橋宅へ直行する。フォーラムとの調整がつかないとのことなので、私からフォーラムの鶴崎団長と、松本副議長に理解を求めることにした。

二十一時半頃、鶴崎団長宅を訪問。文案を説明したところ「努力は理解できるが、YES、NOは言えない」との回答。結局理解を得られず。

二十三時頃、松本副議長宅を訪問。文案を説明するも「文案が後戻りした」との回答。やはり、理解は得られない。

◎一月十六日

九時～十時　三市市長議員調整会議（第四小委員会非公式会議）開催。大宮からは私と鈴木議長が出席。この会議で新確認書案が三市長間の合意案として提示される。

「新市建設後、新市は上尾市・伊奈町の意向を尊重の上、合併協議を行うものとする。なお、新市建設後、新市において意向確認が誠意をもって実行されるよう、埼玉県に立会いを要請するものとする」

この案は、私の考えに基づき、浦和、与野、埼玉県の協力を得ながら、大宮市が作成したもの。

確認書問題が解決しないと大宮市議会は協議会に出席できないとし、案を説明。その後、鈴木議長が「合併協を行い、（四市一町で）政令市の実現を目指す」という文言を入れたいと発議したところ、浦和から強い反対があり発言の取り消しを求められる。これ以上のことを求め

新都心間近—1999 年　（絵：秋山静子）

れば、確認書のテーブルにはつかないとの態度も見られたため、鈴木議長は「十八日に開く大宮市議会推進協議会の役員会と全体会にはかるため、この場での判断はできない」とし、持ち帰りを主張する。

相川、井原両市長は、記者会見で「浦和、与野としてはこれが最終案だと思っている。今回はサインをして渡したい」と述べる。ここに至るまで浦和、与野の対応には厳しいものがあったが、両市とも首長選挙をひかえており、相川市長にいたっては、義弟が保険金殺人の容疑者として逮捕されたという問題もかかえていた（逮捕については平成十年十一月十七日付け埼玉新聞等で報道）、今でも「日本食料新聞」ウェブサイトで確認できる。：http://news.nissyoku.co.jp/Contents/urn/newsml/nissyoku.co.jp/19981120/nss-8454-0012/1）。与野では、合併の是非を問う住民投票を要求する市民運動が高まっており、両者ともにこのような問題をかかえていたが、副知事の配慮もあって、何とか合意にこぎつける。

市議会には、鶴崎議員、芝間議員、松本議員を中心に、大宮の意見が通っていないと反発する意見あり。確かに、それぞれの市の案が一番良いと思っている中での調整であり、大宮の意見が一〇〇％活かされているとは言えないが、県の仲介もあり、大宮の意見が相当反映されている。だが、議会には、上尾、伊奈が担保されない限り三市の合併も止めるべきとの考えが強く、新都心のための合併ではないと主張している。反対意見を主張する議員の多くは、浦和、与野と話し合うこともせず、ただ、上尾、伊奈との話し合いを優先させている。私の目標は埼玉の都づくりであり、それはイコール立派な政令指定都市を実現すること。もし新都心建設、国の省庁移転が実現できなければ、政令指定都市の資格はない。政令指定都市ができなければ合併の意味もない。

反対意見を述べる議員の何人かは、斎藤清治さんからリモートコントロールされているように見える。なぜ彼らは浦和、与野とコミュニケーションをとろうとしないのか。なぜ上尾、伊奈とだけ仲良くしようとするのか。本当に立派な政令指定都市をつくるのなら、大宮がキーとなって、浦和・与野、上尾、伊奈と、平等にコミュニケーションを図りながら政令市を作るべきだ。

◎一月十七日

夜、吉田さんより電話あり。フォーラムで打合せをしたとのこと。今晩、何人かで市長宅を訪れたいとのことだったので了解する。その後再度電話があり、今日は酒を飲んでしまったので行けない、明日九時の団会議（フォーラム）に出席してほしいとのこと。

その後、清水さんからも団会議への出席の要請あり。

さらに、鈴木議長からも連絡が入る。「鶴崎団長を除く全員で話し合いをした結果、何とか任意協議会への欠席は避けられるかもしれない。明日九時の団会議に市長に出席してもらい、説明を受けた上で結論を出すのでよろしく」とのこと。

◎一月十八日

九時になったがフォーラム団会議からは連絡なし。

九時四十五分頃、清水さんが来庁。鶴崎団長が市長の出席に難色を示していて連絡が遅くなったが、推進協議会役員会に出席をお願いすることになったとのこと。

十三時頃、大谷さん（議会事務局長）から、議長案で役員会を開催するので出席してほしいとの連絡あり。出席しようとしたら、北山秘書室長から「議会から連絡があり、今すぐではなく再度連絡があってから出席してほしいとのことで、自席で待機するように」と言われ、そのまま待機していた。

十四時十五分、石塚さんから連絡あり。

石塚：今役員会が終了した。市長はなぜ出席しないのか。

新藤：自席で待機していた。

石塚：誰が止めたのか。

新藤：議会から北山君に連絡があった。

石塚：それは問題だ。

その後開かれた推進協議会全体会に出席し、合意案を説明、理解を求める。「市長の努力は評価する」と支持する意見も出たが、「議会決議した四市一町政令市実現の見通しが全く見えない」「現段階で県が入ることにより一層不透明になっている」などと、反対意見も出され、さらに、川野時雄助役が「三市政令市に道を開きかねない」と否定的な見解を述べた。私は、四市一町にかける思いなら誰にも負けない。だが、四市一町の主張のために新都心建設、十省庁移転を人質に取ることは危険な賭け。誰も私の苦衷を分かってくれない。会議後、川野助役に「親の心子知らずだ」と叱責する。推進協議会では結論が出ず、議会は、再度市長との協議を確認。新確認書案に対する議会としての態度を留保する。二十一日に開催予定の第八回任意協議会への議会側委員出欠問題の協議も先送りされてしまった。

推進協議会は「再度協議」と言うが、今回の確認書案は最大限努力した案。私としては修正の余地はない。川野助役は、後日斎藤さんとの接点が判明したので、馬橋元市長とも相談の上更迭した。

◎一月二十日

伊奈町長を訪問。確認書（案）について説明。上尾・伊奈の意向聴取の際、県に立会いを依頼した旨報告。県にも上尾、伊奈の立場を聞いてもらって、実現への担保とするためと説明した。

伊奈町長は「県にも理解をしていただき、申し訳ない。この確認書を町議に私から説明して、大宮の努力を報告する。本来ならこちらから伺うべきところであるが申し訳ない」と恐縮していた。上尾市長にも再三、再四アポをとろうとしたが、できない。秘書課の畑山室長に電話したところ「十七時まで会議があり、その後は特に予定がない」とのこと。会議後市役所に伺ってもよいし、場合によっては自宅に伺ってもよい、と調整を依頼。その後畑山さんから連絡があり「予算査定の時期でもあり、多忙のため会えない、確認書はファックスで送ってくれれば結構」と市長の言葉を伝えてきた。昨年十二月十六日の面談が悪い影響を与えてしまったのかも知れない。上尾市長の本心は、「上尾のことは上尾で決定したい」「あまりいろいろ言ってほしくない」ということなのだろう。

◎一月二十一日

第八回任意協議会、大宮市の議会側委員会委員四名欠席。

協議会の前に対応を話し合うことになり、午前十時に三市長、副知事が集まる。浦和、与野は決議を先送りすべきでないと主張。私は、決議ではなく、報告を議題にしてほしいと要請する。石原会長が少し早く来てくれたので、会長の意見を聞く。会長の判断で、大宮側に配慮し報告事項を議題とすることに決したが、このとき会長から「仏の顔も三度まで」と釘を刺される。

会議冒頭の石原会長の挨拶は心にしみた。

「私の力不足でこうなったことに心からおわびしたい…今回までは議案の決定については私の責任で見送らせていただきたい」

◎一月二十七日

浦和市議会政令指定都市特別委員会（帆足興之委員長）が、昨年十二月に行なわれた大宮市議会の「四市一町政令市」の決議を、「任意協設置決議のなお書きの範囲内」とする帆足委員長の解釈に同意し、これ以上踏み込まないとの立場を了解した。

第六章　反新藤・強硬派勢力の行方

一、困った三人組の困った動き

任意協議会をボイコットした大宮市議会は、やがて方針を転換し、任意協議会に出席して四市一町の主張を声高に叫ぶようになったのです。そのきっかけの一つが、大宮市議会、推進協議会の役員改選でした。それは任意協議会の市議会代表委員とリンクしており、現会長の沢田年さんが病欠にもかかわらず推進協議会の臨時総会が開かれ、副会長の鶴崎敏康さんが新会長に選任されました。鶴崎新会長は副会長に松本さん、芝間さんを内定し、役員は以下のとおりとなりました。

（旧）沢田年会長（穏健派）――鶴崎敏康副会長（強硬派）・石塚眞副会長（穏健派）
（新）鶴崎敏康会長（強硬派）――松本敏雄副会長（強硬派）・芝間衛副会長（強硬派）

これにより、任意協議会の市議会代表委員は、鈴木弘市議会議長を除くと、強硬派の議員に独占されてしまうことになったのでした。

芝間さんは斎藤清治さんの市民会議を母体にしていたし、鶴崎さんも松本さんもこのときは斎藤さんと緊密な関係を保っていました。私は彼らを「困った三人組」と呼んでいて、この「困った三人組」が市議会代表の身分を利用し、突出した動きをするようになったのです。彼らは、任意協議会の場を自らの戦場に選び、それまで審議されてきた事項を一切無視して、四市一町の枠組み論を声高に叫ぶようになりました。市長間で積み上げてきた明文化の努力も、無きが如しとばかりに、公然と無視するに至りました。その様は、まさに傍若無人でした。

以下は、その時の私のメモです。

二、平成十一年（一月二十八日～七月二十六日）

◎一月二十八日

市議会与党代表者と確認書文案について市長室で協議。

議会代表：議員総意で練り上げた案（水戸案）に沿って努力していただきたい。

新藤：今回合意したものがベストの案。修正の余地はない。

だが私は、その時、水面下で修正に向けて動き出していた。

◎一月三十一日

株式会社サイカンの土屋社長の仲介で、二月二日、鶴崎さんとの面談（於・清水園）をセットしていたが、鶴崎さんからキャンセルの連絡が入る。二月二日の動きを予期していたのだろう。

◎二月二日

大宮市議会・推進協議会の臨時総会開催。役員任期満了（先月十四日）に伴う役員改選が行われ、結果は以下の通りとなる。

鶴崎議員　十八票　↓　新会長

沢田議員（前会長）　十二票

役員改選をめぐる議論でもめ、確認書に対する議会の態度は議論されず。

二十一時十五分頃、新会長就任挨拶のため、鈴木議長と鶴崎新会長が市長室を訪れる。こちらから確認書の話題を出した。

新藤：確認書の中で上尾・伊奈を担保できない限り、任意協議会には出席しないということで今日までできたが、今回の確認書案にはどう対応するつもりか。

鈴木：新市建設後、政令指定都市実現の際には、新市は上尾、伊奈もということであれば、より強い担保になると思う。

鶴崎：それでも担保力は弱い。(大宮市議会の)水戸案が駄目なら第三案の提案はできるのか。

新藤：それは無理だ。これまでの経緯と調整の過程がある。県の協力も得て調整したものであり、全く新たな文案は提案できない。

鈴木：上尾は県が出てくれれば安心とのことである。

新藤：県としては協力(立会い)は惜しまないということで、今日の結果となった。いろいろ意見の対立があったことは事実であるが。

鶴崎：私の考えは、次回から任意協議会に出席して、四市一町論で進んで行くつもり。

新藤：それは何よりだ。しかし今日まで、上尾、伊奈を担保するためには明文化が命と言っていたが、その魂である確認書が署名されなくてもよいのか。

鶴崎：私の方は任意協議会で主張するので、確認書は市長がしばらくの間努力しているという形でよいのではないか。何もしないで汗をかいているポーズでもとっていてくれればそれでいい。

◎二月八日

鶴崎議員、清水議員、吉田議員が確認書の件で来庁。「確認書は全く修正の余地がないのか」との質問に対し、修正協議に応じる旨回答。「与党である最大会派からの申し入れであり、最大限の努力はする。ただし、県や関係市のこともあり、文言が大幅に変わってはどうにもならない。また、申し入れをいただいても関係者との協議に一両日かかるので、なるべく早く要望なり意見なりを言ってもらいたい」

◎二月九日

鶴崎新会長記者会見。副会長に芝間衛議員（自民党・市民会議）、松本敏雄副議長（市民自治ネットワーク）が内定。

①十五日に予定されている第四小委には出席し、枠組み問題を公式の場で議論するよう主張する

②これまでの合併協議は四市一町政令市実現のためと考える

③新市の市役所の位置は都市ビジョンによって決まる。位置も聖域ではない

④合併の時期を二〇〇〇年とは決めていない。新都心のために合併するのではない

◎二月十日

議会からの提案がないため、市長修正案を提示し議会の了解を取り付けることにする。鈴木議長に議会との時間調整を依頼。十二日に開かれる推進協議会に諮るため、十日二十時から代表者会議を開くことになる。

鈴木議長から、正副議長に事前に説明してほしいとの要請があり、十六時十分頃、議長室に正副議長を訪ねる。このとき、松本副議長にも市長修正案を示し協力を要請する。

十九時五十分、サッカー激励会の会場からＪＡＣＫ大宮六階第一会議室に駆けつける。定刻になっても、鶴崎議員、松本副議長、芝間議員は現れず。会議をボイコットしたのだ。

二十時、三者不在のまま会議を開催。鈴木議長が悔しそうに開会を宣言する。

「市長からの要請により本日午前中で時間調整のところ、鶴崎・松本両氏より都合が悪いという申し出があったので、市長に無理を言って二十時からの開催とした。議長からも、事務局からも連絡したので全員知っているはずである。都合が悪ければ代理出席も可能であるのに…」

各会派代表者に市長修正案を提案し、十二日までの回答を求める。昨年十二月二十二日の「四市一町政令指定都市実現」の議会決議の後、決議に賛成した会派と反対した会派との溝が大きく、その間の主導権争いで議会が機能不全を起こしている。議会としての意思統一は期待薄だ。

後で判明したことだが、会議をボイコットした三人と湯沢議員、江野本議員は、桜木町二丁目の珈琲館でコーヒーを飲んでいたようだ。

◎二月十二日

大宮市議会、推進協議会の全体会が開かれる。鶴崎新会長から副会長などの役員人事が提案されたが各会派の承認が得られず、十五日に決定を持ち越す。このような経緯の中で、確認書についての議論は進まず。

鈴木議長から電話あり。相談の上、市長修正案についての回答期限を二月十五日昼に延期する（十五日十六時から開催される第四小委員会に提案するのに間に合わせるため）。

沢田年前会長は、鶴崎新会長に内容証明郵便を送付し抗議。「事前通告なく臨時総会を開いて新会長を決めたことは容認できない」と。議会の分裂は救いがたい。

◎二月十四日

二十一時三十分、鈴木議長が家に来る。次の二点につき協力の依頼あり。

・今日フォーラムで確認書案をまとめた。明日市長のところに持って行く。簡単に拒否せず、受け取って検討の姿勢を。

・フォーラムの手前、明日の第四小委員会ですぐ調印しないでほしい。

◎二月十五日

八時五十分、鶴崎、清水、青木議員来庁、フォーラム案を持参。

十時、県の青木部長と相談、フォーラム案では県として協力できないとの回答。

十一時五十分、その結果を鶴崎、清水、青木議員に伝える。

十五時十分、回答期限の昼までに議会としての回答がないため鈴木議長に報告を求める。これまで強硬派として一枚岩だった自民フォーラムの票数が、賛成四（鈴木、青木、清水、吉田）、反対五（鶴崎、吉山、高橋、中山、細沼）に割れ、他会派とあわせると、十七対十四で、賛成意見が多数を占める。だが、議会の態度は依然流動的で、市長修正案が了承されたわけではない。

鈴木：第四委員会への対応については、市長の決断（でやる）しかない

新藤：確認書について、私の決断で合意した旨を第四小委員会に報告する

議会が機能不全に陥り、意思統一が難しいのなら、市長として、自らの決断と責任においてやるしかないだろう。市議会が割れ、多数派と市長に方針上の食い違いがあるからといって、大宮市として何もできないのでは、浦和、与野に面目が立たない。

十六時、三市長が確認書で合意し、それが第四小委員会で了承される（大宮市議会代表は欠席）。大宮市議は、推進協議会の役員人事問題で各会派の代表者会議を開いたが、意見の一致

が見られず。出席の意欲を示していたこの日の第四小委には、鈴木弘議長と鶴崎会長が出席できない事態になる。

確認書の署名は、鈴木議長からの申し出に従い、当日ではなく十八日に行うこととなる。

◎二月十六日

新聞報道によると、自民党浦和市議団が三市長合意を非難し、態度を硬化させているとのこと。

・確認書は四市一町政令市につながる
・三月議会に「三市合併・政令市」の決議案を提出する
・四月の浦和市長選で宮崎県議に出馬を要請する

大宮市議会代表者会議で、推進協議会の役員人事が一部保留されたが、鶴崎案で承認される。任意協議会に出席する議会代表委員四人は、議会で「四市一町決議」に反対した沢田、石塚両議員（穏健派）が外れ、賛成会派（強硬派）が独占。公明、友愛クラブは委嘱された役員を辞退する。

◎二月十八日

鈴木議長から電話あり。十五時から推進協議会全体会議が開かれ、確認書の件が議題になりそうなので自席で待機してもらいたいとのこと。だが、十五時を過ぎても連絡なし。十七時十五分、大谷局長より電話あり。推進協議会連絡会議が終了したとのこと。確認書の件は無視するとのことで議題にならず、こんなやり取りがあったとのこと。

石塚：議事録に残すために確認する。明日合併協（任意協議会）に出席するのは、市長が確認書に合意し、四市一町の道筋が見えたからである。

芝間：確認書ではなく、我々は出席して四市一町を発言するだけである。確認書は『なお書き』より後退である。

◎二月十九日

三市合併推進任意協議会が開かれ、大宮市議は三ヵ月ぶりに出席。だが、政令指定都市の市域問題（三市か四市一町か）をめぐって紛糾。地方税など五議案の決議を次回に持ち越す。新聞は「大宮側委員による決議先送りの動き」と報道。

◎二月二十三日

大宮市議会三月定例会で、「四市一町で政令市を目指す」と施政方針を表明する。

「三市合併後、地理的・歴史的な経緯、および日常生活圏が一体化しつつあるという現況を強く認識し、上尾市、伊奈町とともに、四市一町による政令市の実現を鋭意、目指していく」

◎三月八日

自民党浦和市議団（帆足興之団長、十五人）の団会議が開かれ、三月定例議会に提出予定だった「三市合併・三市政令市実現」決議案を見送ることを決定。この決議案、昨年十二月に大宮市議会が可決した「四市一町政令市決議」への対抗措置として決議される予定だったが、大宮との対立を激化するだけとの声が出て、提出を取りやめることにしたよう。

◎三月十一日

中神議員来訪。最近、連日、斎藤清治さんが議員控室に来ているとのこと。

◎三月十五日

任意協議会第十回会議開催。

◎三月二十四日

自民党浦和市議団が分裂したとの新聞報道あり。三市合併、三市政令指定都市を推進する九人が離団し、新会派（自民党浦和クラブ）を結成したとのこと。

◎五月二十四日

大宮、上尾、伊奈の二市一町政令指定都市推進協議会（二市一町の推進派議員で構成）の総会開催。鶴崎さんは、この会議で、二市一町の合併推進任意協議会設置決議を抜き打ち的に行う模様。現在進めている浦和、大宮、与野による任意協議会と並行して、大宮、上尾、伊奈の任意協議会を立ち上げるつもりだ（ダブル任協）。浦和、与野の了解を得ているわけではないので、両市を刺激すること甚だしい。だが、直前に行われた大宮市議会の推進協議会で異論が続出。設置決議は結局見送られる。

◎五月二十七日

私の勧めで、湯沢議員が一人で青木政策部長と面談。ダブル任協について打診し、青木部長は「ダブル任協は重婚（二重結婚）で好ましくない」との見解を示す。

鶴崎さんは依然、二市一町の合併決議、合併協議会の設置決議を企図しているが、ここまで進めて来た浦和、与野との合併協議に致命的な打撃を与える大問題だ。この動きを阻止しなければならない。鶴崎さんの除名ないし団長更迭をフォーラムに働きかけることも考える。だが、議会の問題であり有効な解決策なし。

◎五月三十一日

三市任意協議会開催。新メンバーでの初会合となる。

浦和：生方博志（新議長）、田口邦雄（政令指定都市特別委員会副委員長）

大宮：内田秀規（新助役）

与野：黒田一郎（新議長）

二ヵ月半ぶりに開かれた任意協議会だが、その間大宮市議会の審議が進まず、審議を終えたのは懸案十項目のうち一項目のみ。事務一元化の作業は、三市の各部局から選ばれた職員が調整。これが三市の部長級で構成される幹事会に報告され、任意協議会事務局を経て合併推進協議会（任意協議会）に報告される。この調整案が各市議会の特別委員会に報告され審議され、議会側が同意できない項目は次回の合併協の議題にしない仕組み。大宮は、市議会が提起した問題が合併協の議題とされないことに不満をもっている。任意協議会の場で政令指定都市の市域を議題とし、四市一町政令指定都市を主張していきたいのだ。

◎六月二日

産経新聞によると、井原市長が定例記者会見の場で、合併後五十日以内に行われる予定の新市の市長選について「私は出ない」と不出馬の意向を表明。さらに「三市の市長は身を引いたほうがいいと思う」と述べたようだ。

◎六月四日

湯沢、細沼、関根、沢田（力）議員の四名が与野市長を訪問する。

湯沢：上尾市長が四市一町同時対等（合併）を望んでいる。大宮市長も四市一町であるので、二市一町の任協を設立して、合併の後、与野・浦和と合併してはどうか。

井原：今日までの経過を見て難しいと思う。

◎六月十日

大宮市六月議会での答弁。

湯沢一夫議員（自民新生会幹事長）の質問。

「上尾市長は『政令市を目指すなら市域として四市一町同時合併以外は考えていない。その他の方式については自分で判断しない。合併の是非について住民投票など市民の判断にゆだねる』としているが、これは新井市長の固い決意と考える。新藤市長は四市一町の政令市を責任をもって実現させるのか」

「確実に進めるためには、二市一町の先行合併か、四市一町同時合併しかありえないのではないか」

市長答弁。

二市一町先行合併は「過去に鋭意努力したがかなわず、現在の三市先行合併の道を選んだ経緯がある」

四市一町同時合併は、「望ましいかもしれないが、一定の前提（浦和、与野両市の合意など）

の下での議論であり難しい」

◎**六月二十五日**

任意協議会の第四小委員会(井原勇委員長)で、六・二五合意という政治的離れ業が行われる。市域問題の合意案を全会一致で承認。

「新市成立後、新市は上尾市・伊奈町の意向を確認の上、速やかに合併協議を行うものとし、二年以内を目標に政令指定都市を実現する。

浦和市、大宮市、与野市は、新市成立後、新市において意向確認が誠実に実行されることを合併協定書により、新市に引き継ぐものとする」

大宮、浦和で対立していた市域問題が一気に決着したかに見えたが、市域問題は新市にゆだねられた格好となる。三市先行合併の今後の加速が期待できるのか。後に六・二五合意と呼ばれるが、この成立過程は疑問だ。

この過程について、産経新聞だけが、ホテルアルーサの一室で行われた密談を報道している。同紙は、六月二十二日、県の武田茂夫副知事、青木信之部長が、鶴崎、松本、芝間という大宮の強硬派三議員と会談したと報道。私は、関係者からそれを確認していないので真偽のほどは分からない。真実とすれば、私の頭越しで県が介入したことになる。だが、議会の強硬派対策に決め手を欠いていた時期なので、ありがたい助っ人とも言える。

報道によれば、この会談の背景には、「もし合併が壊れることになれば石原会長に傷がつく。それだけは避けてほしい」との要請が自治省から県にあったとのこと。県側は、この会談で「上尾市、伊奈町との二市一町合併協議会の設置決議は待ってほしい」と要請したようだ。三市議が確認書に異論を唱えたため、大宮側が納得する妥協案として、六・二五合意事項の内容が浮上。この会談後、井原市長が、即座に浦和の相川市長と福島市議に合意案を提示し、数回に及ぶ説得を試みた結果、最後には両氏とも納得したとのこと。

いかにもありそうなことだ。確認書に納得していない三議員が何やら画策している動きは察知していた。三氏の要望と、ここまでは市長として了承するという線を、二十五日九時、鈴木議長を通じて井原市長に伝える。

新聞には「三市議は県との面談内容について二十四日に市長と打ち合わせるつもりだったが、市長が公休日で連絡がとれなかった」とあるが、それは誤りだ。私は、市長として一度も公休を取ったことはない。この日、三市議の動きを察知し、在室のボタンをオフにしておき、暗くなった市長室で、一人、歴代市長の写真を眺めていた。三市議の顔は見たくもない。市長としての腹は既に鈴木議長に伝えてある。翌朝には井原市長に伝わるはず。三市議が私と連絡をとろうとすればできないはずがない。現に、翌二十五日、第四小委員会の前に松本さんが来庁したが、何の話もなかった。

だが、この合意、大宮が「四市一町への出発点」と評価する一方で、浦和は「合意で問題は先送りしただけ」と受け止めている。その認識の違いは依然大きい。

◎六月二十七日

二十時より新世クラブと話をする。同クラブは湯沢議員を中心に、ダブル任協の線で上尾市と協議していて、鶴崎さんともその線で合意していたはず。だが、二十五日の第四小委員会ですべてが水泡に帰す。湯沢さんは、四市一町同時合併の可能性がなくなったため、上尾市に顔向けできず、鶴崎さんに憤慨しきり。

◎六月二十八日

十二時頃、鶴崎、松本、芝間の三議員が市民会議の事務所に行ったとの情報が入る。想像するに、斎藤さん、鹿島さん、その他の役員に六月二十五日第四小委員会のことを報告し、対応を協議したのだろう。

◎七月三日

「夢広がる市民交流の夕べ」で市長講演を行う。

「確かに新都心のために合併するわけではないが、（遜色のない街という意味で）新都心がなければ政令市にはなれない。政令市になるという目的がなければ合併をする必要もない」

◎七月八日

第十二回任意協議会が開かれる。この日の一枚のメモ。私の震える字で書かれている。「うちの三人ふざけているよ。申し訳ありませんね。—後で話します」隣の席の武田副知事に渡したものだ。武田副知事はメモを見て、黙ってうなずき、厳しい表情で返してよこした。

大宮市議会の三委員は、協議会の場で、三市長の「確認書」は棚上げと主張。六・二五合意を踏まえ「新市の名称」「新市役所の位置」は、四市一町を前提として議論することを要請。芝間委員の発言は、政令指定都市のビジョンと移行の確認が必要で、上尾市、伊奈町との実質的対等合併を実現すべきというもの。四市一町への任意協議会の拡大が必要で、新市名の議論は六・二五合意と連動して行われるべきと主張。理想としては全く同感だが、任意協議会は既に、粛々と三市合併への事務的検討を進める段階に入っている。大宮市議会の対応によりそれが押せ押せになっている状況下では、場違いな印象を周囲に与えた。前述のメモはその時に書いた。

この日鶴崎敏康さんは「政令市とは何だろう」と題した講演で、六・二五合意事項は一〇〇％、大宮市議会で作成した大宮案になっていることを強調したうえで「今後はこの合意事項に沿って、すべてのことが審議されることになり、これからが正念場」とぶち上げる。

六・二五合意は、鶴崎さんらの強硬派に錦の御旗《みはた》を与えてしまったようだ。

◎七月十二日

県の青木部長と協議。青木部長から、事務一元化について強い要請あり。青木部長は「八月三十一日の任協（任意協議会）が最終のタイムリミット」と発言。審議する議案が毎回一〜二件だと、石原さんの進退問題に発展する可能性があるとのこと。「市長として事務の一元化をスムーズに進めてもらいたい。任意協議会の委員との話し合いで、何かあれば私（青木部長）を入れて話し合いさせてくれ」との要請あり。

さいたま新都心の街びらき実行委員会の終了後、知事からも「何としても、事務の一元化を含めて、よろしく頼む」と強い要請あり。「街びらき」までには合併の時期を明確にしたいとの強い意向を感じる。

◎七月十五日

大宮市議会・推進協議会（鶴崎敏康会長）全体会開催。

六・二五合意について「あくまで三市合併後の政令市移行プロセスを確認しただけで、政令市の市域問題は未決着」との認識が大勢を占める。

鶴崎会長ら役員は「六・二五合意で（政令市の市域問題は）ようやくスタートに立った。第四小委で精力的に市域問題を協議し、第一―第三小委も六・二五合意をふまえて協議に臨む」と述べる。

◎七月十六日

大宮市議会の正副議長と話し合い、事務一元化について、強く協力を依頼。

◎七月十九日

埼玉経済同友会、県商工会議所連合会など、県内十三団体が「早期に法定合併協議会の設置」を求めた要望書を各市と県に提出。大宮市議会は「趣旨は分かるが、手続きに時間がかかる」と回答。市議会は四市一町の原理主義に取り付かれ、世論の動きとかけ離れてしまったのではないか。

◎七月二十六日

自民フォーラム二十一と懇談。今日までの経過を説明し、事務一元化について協力を依頼。

第七章　腹は決まった

一、頼りないリーダー像を覆す

この当時、私は、誰にも自分の腹の内を明かしたことがありませんでした。私が周囲からどう見られていたかはよく分かっているつもりです。四市一町政令指定都市の旗は降ろしていない。かといって、四市一町が確保されたわけではないのに、三市先行合併を拒否してもいない。県から見れば、まだ四市一町にこだわっているように見えたと思います。議会の四市一町論をねじ伏せて、三市へと意見集約を図る行動も起こしていませんでした。いま一つ頼りにならない市長と映ったのではないでしょうか。大宮市議会から見れば、四市一町の主張が通らなければ三市合併はありえない、との毅然とした態度も見られない。全く頼りないリーダーと、そう思われたかも知れません。

芝川よりの新都心―1999年　（絵：秋山静子）

しかし、自分の腹は決まりつつありました。上尾市長の姿勢を見る限り、四市一町で政令指定都市に移行することは事実上困難です。三市が合併し、そのまま三市で政令指定都市に移行せざるをえないとしても、政令指定都市は実現すべき。さいたま新都心プロジェクトを成功させ、国の機関を誘致するチャンスを有効に活かさなければならない。それに、今回合併に失敗すれば、もう二度と合併の機会は巡って来ないかもしれない。加えて、土屋知事や石原会長の期待を裏切ることはできない、との強い思いがありました。

ただ、自分の腹の内をすべて明らかにすることはできませんでした。というのは、第一に、浦和との間に交渉上の便宜があったからです。四市一町の旗を降ろしたと解釈されれば、合併交渉はすべて浦和ペースになってしまいます。四市一町の理念を捨てたわけではありません。浦和の政治力学に対して、理念をもって対抗しなければならないのです。第二は、上尾市長に合併断念の口実を与えてはなりません。上尾市議会およびその支持者たちは四市一町合併への思いが強い。しかし上尾市長は、上尾市議会や大宮の働きかけに押され、口では四市一町の実現を唱えていますが、内心は合併を望んでいない。上尾市として合併を断念する口実を求めていたのだと思うのです。私が三市政令指定都市を目指すと言えば、格好の口実を与えてしまいます。大宮市長に見捨てられた、そう言って上尾市を合併断念の方向に誘導してしまう可能性が考えられました。

とは言っても、どこかの段階で、強硬派や、陰で影響力を行使している斎藤さんと徹底的に対決する必要がありました。彼らは、三市で政令指定都市に移行するくらいなら、合併そのものが壊れてもいいと考えていました。市議会のそうした流れはどこかで変えなければならなかったのです。

以下はその時のメモです。

二、平成十一年（七月三十日～十月十八日）

◎七月三十日

沢田年議員の告別式に行く。大宮市議会・推進協議会の前会長として、また穏健派の重鎮としてよく私を支えてくれた。心からご冥福をお祈りしたい。

自民党市民会議の議員は誰も参列しなかった。

◎八月二日

大宮市議会・推進協議会役員会を開催。

役員会確認事項（以下、そのまま引用）

①今後の四市一町政令指定都市を堅守するために

↓四市一町懇話会等の設立に向けた動きを付ける

・四市一町懇話会等が不調の場合は

↓二市一町任意協議会の設立

②第三小委員会で新市市役所の位置は新都心の直近が良い

↓大宮市の庁舎建設基金を使用して、大宮が庁舎をつくる

③法定協議会への移行は

↓第二、第三、第四小委員会での基本的な重要事項が決まらなければ、合併の期日は決まらない

事務すり合わせも終了していないうちに移行は考えられない

④三市合併は四市一町政令指定都市への道筋の一つであり、四市一町が見えてこない状況の中、このまま見えてこない場合はどうするのか

↓三市合併はありえない

⑤法定協議会を推進させている経済団体との意見交換会の早期実施

⑥第四小委員会への文書による早期開催の要請をする

午後六時から、確認事項について鶴崎、松本、中山三議員による記者会見が行われる。芝間・鈴木さんには話がなかったため、両人は会見に立ち会っていない。芝間さんはそれを大変怒っていたようだ。全体会前の記者発表は、後に批判を受けることになる。

午後六時半より、河邉庵で役員による懇親会が開かれる。

◎八月五日

上尾市「合併・政令市問題に関する経過説明会」で新井市長が、三市先行合併はまことに不本意。二段階合併だと「吸収合併」の形になる可能性が高いと、危機感を表明。新井さんは何の働きかけもしていない。四市一町同時合併が何もせずに転がり込んで来ると思っているわけではあるまい。最初から合併する気がないということか。

◎八月六日

上尾市議会政令市推進協議会が開かれる。大宮市議会から、芝間議員（二市一町政令市推進協議会代表幹事）・湯沢議員（同協議会ハード部会長）・鶴崎議員（大宮市議会・推進協議会会長）が出席。鶴崎さんが、「任意協の外で今から上尾市、伊奈町を含む四市一町の組織を作って準備すれば、法定協議会は四市一町でいける可能性がある」と発言、「四市一町同時合併」に近い形での合併もありうることを示唆する。

◎八月十日

十八時。第一、第三小委員会の終了後、武田副知事から三市長に以下の要請あり。

そもそも任意協議会を設置するに際して、県から職員を派遣してくれるよう三市長から文書で知事に要請されていた。その中で「新都心の街びらきを目途に…都市の建設に着手…」と謳っている。しかし、街びらきまでの合併は難しいので、支援（具体的には県職員の派遣など）の延期を知事に文書で再要請して欲しい、とのこと。

協議の結果、三市長、議長、特別委員長連名で提出することで了解する。知事に要請する日時としては、八月三十一日午前八時四十分と決められる。文案については、任意協議会事務局が作ることとなった。

◎八月十一日

大宮市議会・推進協議会の全体会が開催され、八月二日役員会確認事項が一部修正の上決議される。修正された点は以下のとおり。

①二市一町任意協議会の設立→二市一町任意協議会の設立を後日協議する

②大宮が庁舎を作る→大宮が庁舎用地を用意するよう努力する

③については保留され、執行部と協議することとされた

この他に、大宮市議会は、第二小委員会で新市名選考方法として提案されている「公募」にゴーサインを出すか否かの態度表明を迫られており、市議会としてどう対応するかが協議され、投票の結果、

・市名は大宮市を主張　　十七名

・四市一町エリアで公募する　九名

となる。新市名の公募に反対し、あくまで「大宮」を主張することになり、「浦和が市役所にこだわるなら大宮は市名にこだわるべき」との意見が多数を占める。

推進協議会終了後、正副議長を招請し、武田副知事からの要請を伝える。

◎八月十八日

任意協議会事務局の村田次長が知事への要請文の文案を持参したので、議長を訪問し、説明の上、手交。文案は「合併時期の目標を二〇〇〇年（平成十二年）中とする」との一文が入っている。これが県の考えだ。さいたま新都心の「街びらき」が平成十二年春と決定したので、合併期日を早急に決めたい県が、調停案を提示したのだ。支援延期を要請するのだから、合併時期目標の明記は当然だろう。議長は「八月二十三日予定の特別委員会および推進協議会役員会で検討する」と答える。

◎八月十九日

新市の名称を話し合う第二小委員会が空転。浦和、与野の委員が公募を主張。私も公募を支持したが、松本、芝間両委員はあくまでも「公募反対」。新市名を大宮にすることを主張。委員長が採決しようとしたら両委員は席を立って退出する。

◎八月二十三日

十七時十分頃、正副議長が来庁。合併の時期等が決定しない中、議会として知事宛て要請文への署名はできないので、八月二十八日の結果（第一小委員会）と八月三十一日の任意協議会の結果を見て検討するとのこと。

正副議長、内田助役の前で、県の青木部長にこの旨を連絡。議長も電話で議会の考えを伝える。

◎八月二十四日

石原会長が、相川市長、青木部長との会談の中で次のように語ったとのこと。青木部長の関係筋から内田助役経由で伝わってきた。

①合併の目標年次も決められないのか。いつになれば決められるのか。

②（新市名の）公募が何故だめなのか。理論が不明瞭である。

③積極的に役員と話し合ってくれ、リーダーシップをとってくれ。

④大宮と浦和では議員の次元が違うと思う。誰か後ろにいるのか。今の議会は、どう見ても壊しにかかっているようにしか見えない。外から見ていて、壊すことが平気のように考えているように見える。

⑤街びらきまでには、どんな事があっても基本的な方向を出してくれ。
・合併の目標年次
・新市の名称
・事務所の位置等
⑥責任問題を考え、私（石原氏）も重大な決意で臨む。
内田助役から石原会長の発言を聞き、対応を協議。石原会長は「困った三人組」とその背後で糸を引いている斎藤さんにいらだっている。確かにこのままではだめだ。「困った三人組」とはいずれ真正面から対決せざるをえないが、その前に三人組の一角を崩せないものか。松本さんとは内田助役が比較的懇意だ。内田助役から松本さんに、石原さんの言を伝えるよう指示。

内田、松本会談は十九時三十分から行われた。結果は、松本さんの次の考え方を確認。
①合併を壊すことはしない。
②松本さん本人としては、合併の目標年次、市名公募について合意してもいいと考えており、この点について鶴崎・芝間さんの考えと食い違いがある。
③市庁舎の位置はぎりぎりまで交渉する。
④すべてが浦和のペースで進んでおり、大宮のメリットがない。大宮としては、せめて市庁

舎の位置で我々の考え方を主張すべきだ。
⑤最後は、会長なり知事で痛みわけで軍配をあげてもらえばよい。
⑥執行部と議会の意見の違いはある程度やむを得ない。
松本さんの腹の内が見えた。これなら彼と連携できる余地はある。

◎八月二十六日
上尾市長選は来年二月。埼玉新聞によると、再選されてすぐに市が消滅する合併の道を市長が選択する可能性は少ないとの見方がくすぶっている、とのこと。

第三小委員会が開かれ、新市庁舎の位置をめぐり議論が行われるも、三市の意見がまとまらず、結論を次回に持ち越した。

◎八月二十八日
第一、二、四小委員会開催。
副会長会議で、知事訪問の件について武田副知事より提案あり。
①依頼文は持参しない(ペーパーなし)
②できれば市長、議長、特別委員長で訪問する
③大宮の状況に合わせる

知事訪問スケジュールとして、九月二日、午前八時四十分～九時とされる。

第二小委員会後、前記①②③について正副議長に話をし、八月三十一日に議会で相談してもらいたい旨依頼。

◎八月三十日

大宮市議会・推進協議会の全体会が開かれ、二十八日の第二小委員会で提案された新市名公募を受け入れることを決定する。

◎八月三十一日

十一時三十分、鈴木議長より電話あり。議長は知事訪問に同行するが、鶴崎さん（特別委員長）は流動的なため、九月一日まで待ってほしいとのこと。

十三時、その旨任意協議会事務局の村田次長に連絡する。

【相川市長会見要旨】

合併後の市役所の位置は「暫定で浦和」とあったのを、浦和の要求で「暫定」を「当面」に変更したことに言及。「暫定なら一時的で動くという意味。当面とは、取りあえずということだが、未来永劫ということもある」と述べた。

↓一一・二二の任意協議会で鶴崎第一小委委員長から追及され発言を撤回する。

【土屋知事会見要旨】

「（さいたま新都心が街びらきする）来年の五月五日に三市が合併協定に調印できるよう、神にも祈る気持ちだ」

◎九月一日

十二時、鈴木議長より電話あり。役員会開催。鶴崎さんが難色を示しているのなら、副議長が訪問したらどうかとの石塚議員の提案あり。他市は議長、特別委員長でも、大宮は正副議長でいいか県に確かめてほしいとのこと。

十三時、村田次長にその旨話し、了解を求める。十四時、村田次長から電話あり。了解との回答があった。

十四時、正副議長が来庁。十三時から再度役員会を開催。鶴崎さんが出席するとのこと。副議長が出て自分が出席しないと不利との計算が働いたのだろう。

新井上尾市長が定例記者会見で「三市の合併協議会にオブザーバーとして参加できる機会を与えてくれてもいいのではないか」と発言。

◎九月二日

三市の市長、議長、特別委員長で知事を訪問。

知事より「先日の記者会見でも、私は神に祈るような気持ちだということを申し上げました。まだ、時間はあると思うんですよ。実現に向けてですね、再度、ご努力をいただきたいと思っております。何をやるにも、目標がある訳です。私は、この愛するふるさとを、何としても良くしたいという、一念に燃えて、私の最後の人生をかけてる訳なんです。どうか皆さんも目標を持って、やってください。この埼玉県の将来のためにもですね、どうか一つ、皆さま方のお力添えで、合併の実現を心からお願いします」との話あり。

知事の言葉は強い調子で、鶴崎さんは一言も発せず。知事は、終始大宮の議会関係者と目線すら合わせず。

◎九月七日

大宮市議会九月定例会での、鶴崎さんの一般質問。

「議会委員が新市の市役所をめぐり浦和市長と真っ向から対決している横で、市長は何ら意思表明しなかった」

「合併時期、新市名でも市長は議会委員と異なった見解を発表した」

「大宮の総意が形成されず、バラバラ。（浦和から）各個撃破されていく状態だった」

私は「政令市実現は私の公約。環境づくりに努力していく」と答弁し煙に巻く。まだ腹の中をぶちまけるタイミングではない。

◎**九月十三日**

上尾市および市議会との懇談会開催。大宮、上尾両市から、市長、助役、正副議長が出席。今日までの経緯と新市名の選考、合併手続き等について上尾市側に説明。その後、別途用意した質問紙に従って私から用意していた十四項目について質問。以下はその一部。

六．平成八年の市長さんの公約に「政令指定都市問題は、あくまでも上尾市民の総意によって進めるべきであり、大宮市に追従すべきではない」と言っているが、私も全くその通りであると思う。そこで、上尾市長さんの主体性というか、上尾市さんの総意をお聞かせ下さい。

九．上尾市、伊奈町と二年以内に合併、政令市になる場合、事務の一元化は約四千以上ある。明日からでも事務レベルで行うと共に政治的なことも話し合う必要があると思う（例　特別職等の対応）。その際、上尾の助役に四千項目以上の資料を手渡した。

新井市長から明快な回答は得られず。政令指定都市実現に向けての具体的なアクションも期待薄。

◎**九月十四日**

新井上尾市長が再出馬を表明。

◎**九月十六日**

上尾市議会政令指定都市推進協議会（岡野喜一会長）が全体会を開き「四市一町による政令指定都市を実現する決議」の案文を了承。二十二日に提案、可決される見込み。市長と議会は一枚岩ではない。

◎**九月十七日**

自民党浦和市議団（帆足興之団長）記者会見。

「合併協議会で三市だけの政令指定都市が確約できなければ、法定の合併協議会に参加しない」

「六・二五合意は市長間の確認の延長。（私は合意した第四小委の委員ではあるが）議会としては関知しない」

◎**九月二十日**

第四小委員会が開かれたが、帆足発言をめぐって空転。

「浦和は合意を結びつつ、最終的には三市政令市へと食い逃げする姿勢だ」（九月二十五日 埼玉新聞）

◎**九月二十三日**

「六・二五合意に対する浦和、大宮の思惑」（埼玉新聞報道内容）

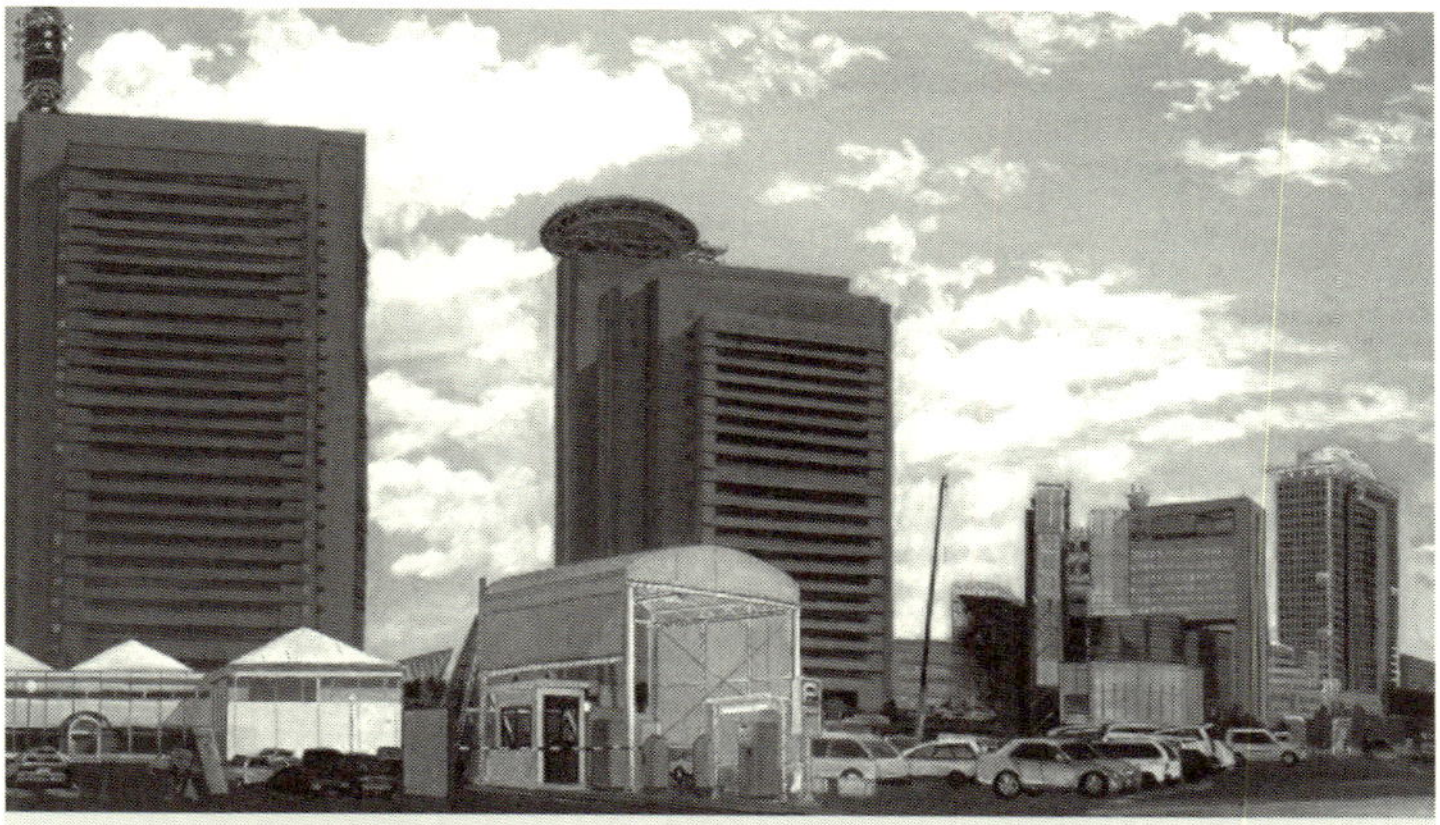

新都心（合同庁舎とラフレ）―2001 年　（絵：秋山静子）

大宮はこの合意で上尾、伊奈を含めた四市一町の政令市実現が確定したと思っている。だから浦和、大宮、与野の三市間の合併協議の話し合いの場に上尾、伊奈も入れるべきだし、街づくりの方向も四市一町で考えるべきだと主張している。浦和は先ず三市が合併して市としての機能作りをしてから政令市のことは考えようとしている。上尾は吸収合併を嫌がっている。そこで大宮は今から四市一町で街づくりを進めたい。三市でまず街づくりをしてしまうとどうしても吸収合併になってしまう。

◎九月三十日

第四小委員会で帆足委員が陳謝。井原委員長が「『新市成立後、上尾市と伊奈町が（政令市に加わるか）主体的に意思決定する』との三市間合意を文字通り解釈するように」と事態を収拾。

大宮市議会側は、合併後二年以内に政令指定都市を目指すなら、今からその準備が必要だとし、第四小委員会への「上尾市と伊奈町のオブザーバー参加」を提案したが結論は出ず。

◎十月十四日

青木部長より電話あり。

十一月二日と十一月二十二日の任意協議会が今年最後。その中で法定協議会への移行を何とかしなければならない。与野、浦和は法定協議会の議案を提案しそうだ。大宮も十二月議案で提案してくれるとありがたい。任意協議会の議案は七〇%解決したが、残り三〇%の議案が残ってしまった。十一月二日、二十二日の任意協議会で解決してもらいたいので、助役、石橋・石綿両理事にハッパをかけてくれ、とのこと。

◎十月十八日

助役、石橋・石綿両理事に青木部長の意向を伝え、後日進捗状況を報告することを求める。

第八章　流れが変わった

一、平成十一年（十月二十日〜十二月二十九日）

◎十月二十日

難航する合併協議に対し、三市横断的な「三市の未来を語る市民の会」が設立総会を開き、「まず三市の先行合併を」とアピールする。

代表発起人：半田昭雄（浦和商工会議所常議員）

宮田保夫（大宮市産業人懇話会会長）

柏木清英（与野市民会議副会長）

『市民会報』の発行人は新井正男氏

中心になっているのは浦和と与野の市民会議のナンバー2クラス。大宮では、大宮市民会議

（鹿島・斎藤グループ）とは一線を画する経済人で、私を応援してくれる人たちだ。

◎**十月二十六日**

大宮市長定例記者会見要旨。

記者：大宮市は、議会と執行部の見解が食い違うなどちぐはぐさが目立つ。（市長の）リーダーシップが足りないのも要因では？

市長：議論も大事だが、その後の方向付けができるか、調整できるかが真のリーダーシップ。牛歩のごとくだが、一歩一歩進んでいるのも事実だ。

記者：もし合併できない場合は？

市長：合併せよが市民の圧倒的な声だ。できなかったら大変なことだが、私は「もし」は全く考えていない。

◎**十一月二十九日**

井原与野市長定例記者会見要旨。

「十二月議会での法定協の設置決議は無理」

「（新井市長が再選されれば）上尾はゴーイング・マイウェイというだろう」

この発言を受け、新井市長は、井原市長に対し、十二月一日付けの文書で抗議を行う。

「①この記事は市長の発言と相違ないのかどうかお答え願いたい。
②事実とすれば、この発言は、何を根拠として行ったものなのか明確にお答え願いたい。
③この発言は上尾市が今日まで取り組んできた四市一町を否定するものではないかと思うが、どのように考えているのかお答え願いたい。
…故意に他市の首長の意思を確認もせず、歪曲し、行き過ぎた越権行為的発言と受けとめており、きわめて遺憾であると言わざるを得ない。したがって、新聞紙上での発言の訂正を行うことを強く求める」

◎十二月九日

大宮市議会十二月定例会開催。

新藤答弁「二年以内に政令市を実現するため早期に事務一元化作業を始めたいと申し入れている」が、現時点で上尾市側からの返答はなく、作業は進展していない。

◎十二月十四日

大宮市議会の総務常任委員会は「早急に法定協の設置を求める請願」は不採択とし「三市合併・三市政令市に道を開くことになりかねない、拙速《せっそく》なる法定協を設置しないことを求める請願」を採択。最大会派の自民フォーラム二十一の他、共産、自民、無所属の委員が、「任意協で新市名、市役所位置、政令市の市域など基本事項を協議中であり、法定協移行は時期尚早」などと主張したため。

◎十二月二十二日

大宮市議会十二月定例会開催。再度の会期延長。会期最終日の二十日、市議間の思惑も絡み各会派の調整がつかず翌二十一日まで会期を延長したが、同日午後二時から再開された議会も時間延長。さらには二十二日に再度会期延長。昨年十二月、今年九月も会期延長しており「税金の無駄遣い」との批判あり。

今回の議会混迷の最大の焦点は正副議長ポストと、政令指定都市推進特別委員長ポストをめぐるもの。

◎十二月二十三日

「今年一年を振り返ると…」（埼玉新聞報道）

まず三市で合併し、それから上尾、伊奈と協議しようと合意したはずなのに、大宮は「四市一町政令市の担保」だと逆戻りして、事実上「三市先行合併」に歯止めをかけてしまった。その不毛な論戦にみんなうんざりした。一向に進まない協議に業を煮やして三市の市民が会を結成した。設立総会には四千円の参加費が必要だったにもかかわらず、主催者の予想を上回る六百三十人が参加した。「いつまで出口のない協議を続けるのか」「市議たちはもっと市民の声に耳を傾けて常識的な判断をしてほしい」と言う人がたくさんいた。

◎十二月二十八日

十二時二十分頃、井原市長から電話あり。来年五月（新都心街びらき）に向け、何の進展もないようであれば、知事に対し申し訳もないし、約束もあるので、浦和、与野が先に合併してはどうかという話が相川市長からあった、とのこと。大宮市長の意見も聞きたいので年内に一度会いたいとのこと。

◎十二月二十九日

井原市長と新見世にて会談（午後六時二十分）。

新藤：浦和・与野の先行合併について、県は知っているのか。また、了解を得ているのか。

井原：県に話したところ、武田副知事に反対された。

新藤：当然と思う。もし、この話が表へ出ると、与野・浦和が合併の話を壊しにかかったと逆宣伝されて、かえってマイナスになる。

井原：確かにそのように思うが、だとしたらどうするのか。

新藤：新市名、合併の目標、法定協の設置を早期に決めることである。

井原：浦和にその旨を伝える。

二、平成十二年（一月十四日〜七月三日）

◎一月十四日

上尾市との合併・政令指定都市問題の打合せ開催。
午後二時〜三時二十五分
ルミネホワイトルーム貴賓室
出席者：両市市長・助役・正副議長・議会事務局長
冒頭新井市長は次のように語る。「…何故、三市が先行で二年後なのかという、その理由付けが私どもの方からするとハッキリ市民の方に返ってきていないし、ハッキリいって、それは大宮市さんからも聞いておりませんし、上尾市の状況の中でも何故、三市が先で―四市一町が後か」

また最後に「浦和市長が今、（上尾が参加することを）断っている。三市が先行合併して、浦和市長が新市の市長になった場合に、上尾、伊奈が入ってこいよと言われたら、上尾二十四万市民の感情がどうなるのか」と述べた。

新井市長は、四市一町同時対等合併の理想から一歩も動いていない。平成九年四月二日に会談して以来全く進展していない。上尾市長選で何を言おうと、彼は合併することを望んではいない。

◎一月二十日

「大宮の強硬派に揺らぎ」そんな言葉が埼玉新聞の小見出しに踊る。

『『このままでは三市合併を大宮が壊したと言われかねないのではないか』。世論も議会の強硬派に厳しくなっている。これらが、強硬派と見られている議員に少なからず影響を与え、同議会選出委員の発言にニュアンスの差が現れ始めた。

正副議長選では、辞表提出を迫る圧倒的な声の中で、『合併協議を前進させる。三市協議の中で四市一町政令市実現へ道筋をつけるのがベスト』という信念から辞表提出をはねのけた」

確かに市議会の流れは変わってきている。強硬派として議会を引っ張ってきた鶴崎、松本、芝間の「困った三人組」が内部分裂し始め、特に、コチコチの四市一町論者であった松本副議長が、三市先行、早期合併を主張し、私と連携するようになった。任意協議会の場でも鶴崎さんに公然と反論する場面が見られるようになっている。

新聞記事のように、世論の流れを感じ取ったのか。これは全くの推測だが、県の青木部長が影で動いたのか。真相は分からないが、私としては格段にやりやすくなる。

◎一月二十二日

三市合併協議会の第一・第三小委員会が開かれ、第三小委員会（委員長＝稲垣与野政令指定都市推進特別委員長）では、市庁舎は「当面」浦和とする方向性が示される。「将来」の位置については「市と連携する機会の多い県の機関が周辺に集中している」（田口浦和市議）との理由で浦和市庁舎とする意見と、「政令市移行で国との関係が強まるので（国の機関が移転してくる）さいたま新都心付近がいい」（松本大宮市議）とする意見が対立したままで進展はなかった。

第一小委員会（委員長＝鶴崎大宮政令指定都市特別委員長）は、合併時期について、私が提案した二〇〇〇年度中を目標にするという線で、浦和、与野の代表は賛同。大宮市議会代表が結論を留保する。委員長である鶴崎さんが、冒頭「石原会長から今回の小委員会で合併の期日を決定してほしいとの依頼を受けた」と挨拶しながら、大宮では十分な審議が行われていないため意見集約は難しいと述べる。芝間さんは、上尾、伊奈の意見を聞いた後で結論を出したほうがいいと主張。私は、あくまで今日何らかの結論を出すべきと強く主張する。上尾、伊奈の意向確認が必要だというなら、鶴崎委員長の方から第四小委員会の委員長に、明日にでも第四小委員会を開き上尾、伊奈に来てもらう、と提案するくらいの積極的な姿勢があってしかるべきではないかと詰め寄ったので、その場に緊張感が走った。空気はピーンと張りつめ、鶴崎さんの顔色は見る見る色を失う。最終的には、鈴木議長が「浦和、与野両市の意向を踏まえて議会として結論を出すよう努力する」と表明して終わる。

◎一月二十四日

午前十時、上尾市選出の島田県議来庁。新井市長の本心について次のように語る。

①四市一町同時対等合併であれば何時でも合併の用意あり

②三市合併成立後について

・今日までのすべての経過および六・二五については敬意（建前論）を表するが、どんなに文章で確認しても、大宮市から合併後の市長が誕生しない限りは、本心から〝ＹＥＳ〟とはいえない。限りなく四市一町の合併に近いものとの考えもあるが、これも大宮市より市長が誕生しなければ…

◎一月二十六日

任意協議会第十八回会合開催。石原会長が、合併時期について、次回小委員会で結論を出すよう強く求める。武田副知事も、大宮市議会に対し「早期に合併期日の意見集約を」と求める。青木部長も三市に協議の促進を求めたが、県側が協議会で発言するのは極めて異例。

◎二月二日

早期合併に消極的な大宮市議会に対し、「三市の未来を語る市民の会」（会長・宮田保夫産業人懇話会長ら三人）ら百近い団体・個人が「三月議会で法定の合併協議会設置を求める請願」をそれぞれ提出する見込み。

大宮市議会は昨年十二月議会で、三市議会中唯一「法定協設置を求める請願」を不採択としており、これに反発した団体などが結集して行動を起こしたのだ。

◎二月六日

上尾市長選で、新井氏が大差をつけて再選される。

◎二月十三日

第一、第三、第四小委員会開催。

大宮代表委員の尽力で、第四小委員会に上尾市、伊奈町がオブザーバー出席して意見を述べることが実現。新井市長の発言要旨は次の通り。

「出席の機会を得たことは大変意義あることで四市一町の枠組みによる政令市実現が認知され

たものと理解している。ついては次の点を要請したい
①四市一町政令指定都市実現を目指すのならなぜ今三市との合併協議ができないのか、どうして新市成立後であればできるのか、その理由を教えてほしい。
②政令指定都市ビジョンについてはいまだ何ら示されていない中で合併協議が行われているように見える。そのビジョンを示してほしい。
③合併協議の最終目的が政令指定都市の実現ならば、上尾市の位置付けや果たすべき役割、街づくりについてどう考えているのか示してほしい。
本来、意見陳述の場でありこちらから質問するのはその範囲を越えるものだが、上尾市、四市一町の将来を決定する重要事項なので理解をたまわりたい。上尾市は主体性を持って参加できる政令指定都市を実現するため今後とも当委員会へのオブザーバー出席にとどまらず四市一町による何らかの協議の場を設けることを提案したい」

（休憩後）

青木部長から、上尾市が知事へ声明文を持っていった話あり（その中では三市先行合併を前提とした議論がなされている）。その概要は「平成九年度の段階で、街びらきまでには三市合併するだろう、まさか今まで延びるとは思っていなかった。上尾市の出した文書は間違ってい

た。今まで延びるのだったら、あの時四市一町でやってほしいと主張したほうがよかった」というもの。

◎二月二十四日

上尾市議会の本田哲夫政令指定都市推進特別委員長が「埼玉県議会3市合併推進議員連盟」（深井明会長）に対し、対等合併にこだわらないという認識を示す。

◎二月二十八日

大宮市議会本会議において、新市庁舎に関する市長見解を初めて明らかにする。「埼玉県の中枢都市や北関東の州都として考えれば、将来的には『さいたま新都心』の直近がふさわしいと考える」

◎三月四日

「早期の法定合併協議会設置を求める請願」を不採択としていた大宮市議会が、同様の請願を二月定例市議会で採択する見通しとなる。昨年十二月定例会で不採択に回った最大会派の自民フォーラム二十一などが賛成に回る。自民党市民会議（芝間衛団長）も三月八日の団会議で採択の方針を確認し、三市が早期に合併し上尾の決断を促す方針に転じる。その後、三月九日の総務常任委員会で、賛成多数で採択される。

◎三月十四日

三市の市長、議会代表で開かれた法定協規約調整会議において「四月十日に臨時市議会を開催し、四月二十九日に法定協議会を設置する」ことで合意。

◎四月三日

三市の議会代表が石原会長の事務所を訪問。法定協議会の会長就任を要請する。この席で鶴崎市議が「上尾、伊奈の問題では会長に心労をおかけした。これからは互譲の精神でやっていきたい。合併後の街づくりにも協力いただき立派な政令市をつくりたい」と述べる。朝日新聞は「石原会長は小さくうなずいた」と報道（四月十二日朝刊）。

◎四月八日

上尾市、伊奈町との二市一町定期懇談会が開かれたが、新井市長、小林町長は欠席。私から上尾市に質問する。

①四市一町は必要最低限というが具体的に上尾はどの様な取り組みをしているのか

②市民懇話会はいつまでに作るのか

③住民投票という話が出ているが真意は何か

④限りなく対等合併と言っているがその意味は何か

等を含む八項目。

◎四月十日

浦和、大宮、与野の三市が、臨時市議会開催。法定合併協議会の設置を可決。

◎四月十一日

第二、三、四小委員会が開かれ、第四小委員会に上尾、伊奈の首長と議会代表がオブザーバーとして参加。

松本さんが、新井市長の姿勢を質す。「首長は自主性、主体性を持ってもっと積極的にやってほしい。そのことが多くの人を動かす。…（四市一町で協議する）何らかの場を設定して欲しいという要請だけでこのことが実現できるのか。積極的な行動を展開していかなければこの難しい問題をクリアできない。上尾市長は政令市にビジョンをどう考えて、三市合併の中に生かそうとしているのか。何らかの協議の場をどういう形で自らつくっていこうとしているのか。主体性が問われている」

これに対し新井市長は、次のように述べる。「ただ単なる吸収合併であってはならないと思っている。上尾の街づくりが三市に理解されなければならない。俺たちについてこいよというだけでは上尾市民は納得しない。…上尾から無理してお願いするのでなく、上尾も入ってほしいと言われる魅力ある街をつくること。何がなんでも合併ありきではない」。この発言に、同席の上尾市議の顔色が変わる。これは実質的な合併拒否宣言だ。

◎四月十二日

第一小委員会で、合併時期を来年五月一日とすることで合意。

◎四月十三日

大宮、浦和、与野三市の市長と議長、政令指定都市特別委員長の九人が石原さんの事務所を訪れ、法定合併協議会の会長就任を正式に要請。

◎四月十七日

市名については「さいたま市」とすることで大宮が妥協。市庁舎の位置については、大宮の主張を尊重し「将来的にはさいたま新都心周辺を検討する」と三市合意文書に盛り込む「政治的取引」で幕引きが行われる。同時に、大宮が要望した「四市一町協議機関」の設置を浦和が了解する。

◎五月十六日

上尾市で市民懇話会が発足。新井市長は再度「吸収」に反対の考えを表明。

◎五月三十一日

上尾市議会政令市特別委員会（本田哲夫委員長）において、本田委員長が、懇話会の人選についいて市長を追及。「熱心に（政令市問題を）考えている人をなぜ切ったのか。側近人事という報道があったが、そう言われてもしかたない」

◎六月一日

井原市長は記者会見で立候補しないことを強調。「立候補しないからこそ、（両市が）耳を傾けてくれた。立候補するのは約束違反になる」

◎七月三日

四市一町議員協議会が設立され「懇談の場として発足し、調査研究等を進め、今後意見交換を行うものとする」との考えを表明。

第九章　どうしても闘うのか

一、新市長には誰が

平成十二年四月、三市の議会において法定の合併協議会設置議案が可決されると、それまで水面下で行われていた新市の市長をめぐる動きが表面化する可能性がありました。三市の現職市長が新市の市長をめぐって闘えば、旧市の都市間競争を惹き起こし、合併後の新市の運営に禍根を残すことになります。それは回避すべき、ということを、私は北九州市の先例から学びました。合併協議会の会長として三市をリードしてきた石原信雄さんを新市長に推し、旧三市の市長は副市長にという構想も真剣に検討されました。少なくとも現職市長が新市の市長選に出ることはやめるべきです。年長であり、三市のまとめ役でもあった井原市長は、早くからそう表明していました。私もそのことには同意していましたが、それは、相川さんも賛同すると

平成 12 年 9 月 5 日、浦和市、大宮市、与野市合併協定調印式に至る

いうことが前提でした。

そもそも、大宮が四市一町政令指定都市を担保するために、何故「なお書き」を確認書として明文化することにこだわってきたのか。何故六・二五合意にこだわってきたのか。何故新市庁舎の位置について、将来的に「さいたま新都心周辺を検討する」という一文にこだわってきたのか。しかし、こうした合意や紙切れよりも、新市の市長ポストを取る方が自分たちの主張を通すためにははるかに有効です。首長の権限はそれほど大きいのです。それでも、私自身は新市の市長に就こうとも、また就けるとも思っていませんでした。だからこそ、新市の市長に自分たちの主張したことが伝わるよう、そして新市全体を俯瞰する見地から見直してもらえるよう、合意や協定書に四市一町の理念を盛り込むことにこだわったのでした。ところが、相川さんは、あくまでも「浦和」

の市長だったのです。もし、彼が新市の市長になったら、三市で政令指定都市に移行してしまうだろうし、市庁舎が浦和であり続けるのは明白でした。私は、合意や協定書は何の効力も持ち得ないに違いない、そう感じていました。だから、相川さんも、私たちに同調し、立候補を断念してもらわなければなりませんでした。

私は「井原さんが親分役だから、相川さんには井原さんから言ってほしい」と要請しました。しかし、井原さんは動きませんでした。自らは、新市の市長選への出馬はしない旨を早々に表明していたものの、相川市長への働きかけは行いませんでした。同じ頃、県南水道企業団による沖縄視察が行なわれ、三市長もそれに同行しましたが、視察の間、井原さんと相川さんが頻繁に密談を交わし、私を避ける場面が多々見られました。相川さんが出馬の意向を固めていたことを井原さんは知っており、それに向けた話し合いも行われていたかも知れません。私は、仕方がなかったので自分自身で相川市長を訪ねることにしました。でも、相川市長は私と会おうとはしませんでした。その後、一週間程経った頃だったでしょうか、再度相川市長を訪問し、出馬を断念するよう申し入れを行いましたが、相川さんは胸の内を語りませんでした。そして、最後に「後援会と相談する」と言ったのですが、相川さん自身の気持ちについてはついに明言しませんでした。

私自身はと言えば、立候補するつもりが全くなかったので、信頼できる市議や後援者と水面下で候補者選びの相談をしていました。その時名前が挙がったのは、土屋知事の特別秘書をやっていた浦高の後輩である高橋秀明さん、弁護士で浦高同窓会副会長の柴崎栄一さん、副知事を経験され、後に『女性の品格―装いから生き方まで』の著書で有名になった坂東眞理子さんらでした。しかし、いずれも調整は不発に終わりました。坂東さんの擁立を打診してきたのは浦和市議をしていた岡まち子さんでした。岡さんは坂東さんとの調整に労をとりましたが、不調に終わると、ご自身が市長選に立候補されました。

そうこうしているうち、平成十三年に入ると、相川さんが、『理想都市への挑戦―さいたま市の創造』を出版し、配布用カレンダーを発注しているとの情報が伝わってきました。これは、どう見ても出馬に向けた下準備を着々と進めているとしか思えない行動でした。立候補を表明する時期をうかがっているとの報道もありました。ここに至っては、もはや一刻の猶予も許されません。「このままでは不戦敗だ」という支援者の声に押され、私自身も立候補せざるを得ないと腹をくくりました。相川さんが新市長になるということは、長い合併交渉の中で、合意や協定としてつかみ取った、四市一町へのわずかな可能性をつぶされることを意味します。井原さんには以前相談した経緯があり、筋を通しておく必要がありました。井原さんに事の顛末を報告し、立候補する旨を伝えました。すると、井原さんからは「ご自由に」と言われただけでした。

平成十二年二月二十九日の読売新聞朝刊には、浦和地裁で開かれた論告求刑公判で、保険金目当ての殺人に無期懲役が求刑されたことを伝えていましたが、殺人罪に問われている酒井誠は相川さんの妻の実弟でした（事件が初めて報道されたのは平成十年十一月、埼玉新聞等）。この報道を受けて相川氏はどう動くつもりなのか。私が彼の立場なら、道義的観点から立候補を断念せざるを得ないだろうと考えていました。その時は、自分も立候補を取りやめるつもりでいました。彼の腹の内を知るため

酒井容疑者

予期しバット持参か

浦和の路上殺人

奪われ凶器

事件数日前、

保険金殺人に無期求刑

酒井被告　検察「残虐、極めて悪質」

事件の子細を伝えた平成 10 年 11 月 18 日の埼玉新聞（左）と、その後の裁判を伝えた平成 12 年 2 月 29 日の読売新聞（右）

に相川さんを訪れました。しかし、彼はまたしても私と会おうとしませんでした。後から振り返ってみると、彼には、立候補を断念するという選択肢は初めから無かったのです。

二、大宮と浦和の実質的な市長争いに

さいたま市長選挙は、実質的には、大宮対浦和の都市間競争となりました。それは四市一町論と三市論の最終決戦でした。その時、大宮の反新藤勢力はどう動いたのかというと、鹿島さん、斎藤さんらの大宮市民会議は、五月一日付で相川さんと政策協定を結び、相川支持に回りました。政策協定の中で、相川さんは、驚いたことに「四市一町政令指定都市を目指しその実現を図ること」を政策として約束していました。彼に本当にそのつもりがあるのなら、私は敢えて立候補するまでもありません。彼が三市政令指定都市を目指していることが明らかだから、対抗上私自身が出ざるを得なかったのです。そのことは、市民会議自体よく知っていたはずでした。

仮に、相川さんも私も、四市一町を公約とするならば、政令指定都市について二人の間に争

点はありません。とすれば、市民会議がなぜ相川さんを支持するのか。市民会議は機関紙『大宮市民会議』を発行していますが、市長選告示日直前の五月十九日付号外には次のような見出しが書かれていました。

「指導力に優れた相川氏を信頼する」

「大宮市民に苦杯を呑ませたのは誰か」

そこにはこんな記事がありました。

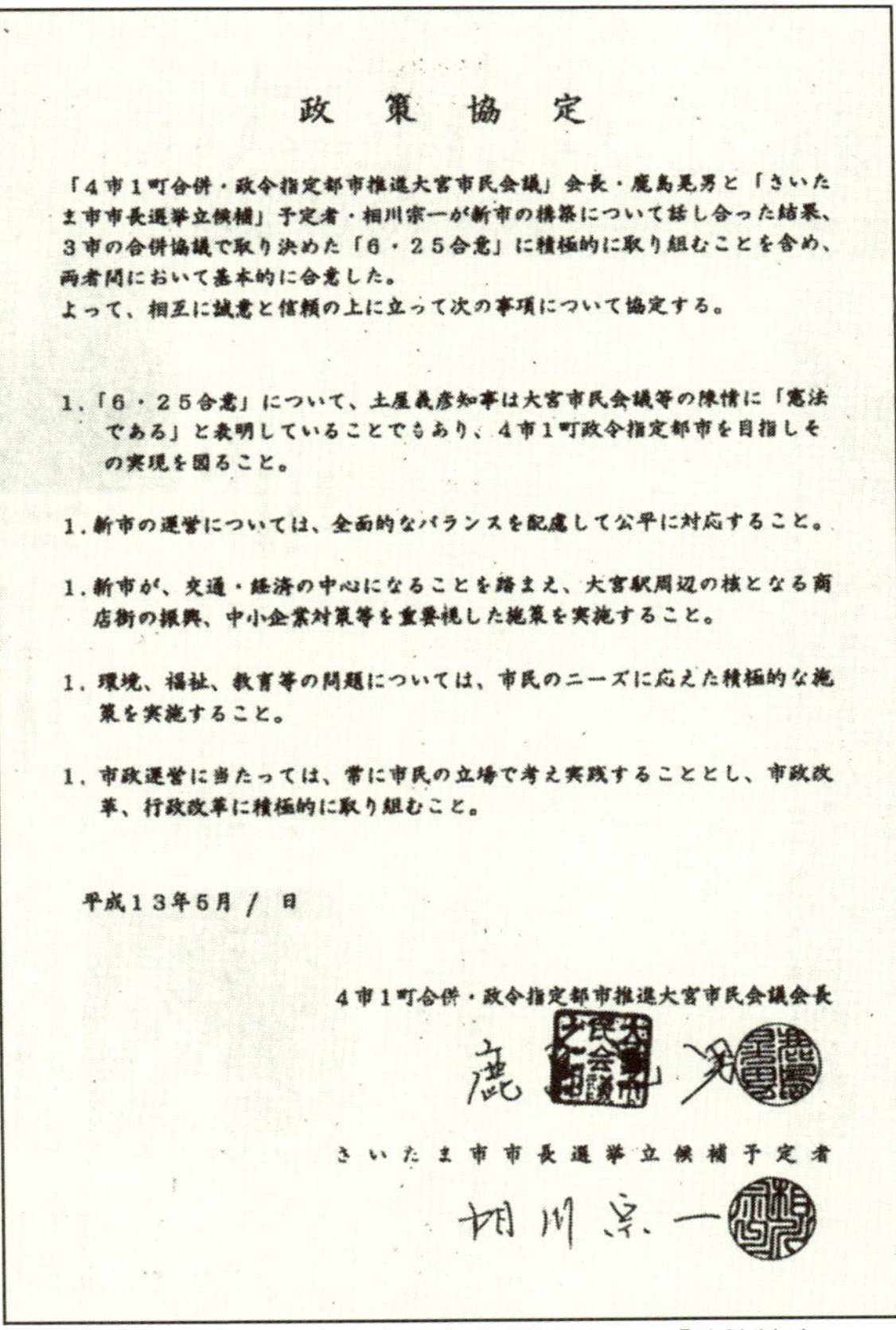

政　策　協　定

「４市１町合併・政令指定都市推進大宮市民会議」会長・鹿島晃男と「さいたま市市長選挙立候補」予定者・相川宗一が新市の構築について話し合った結果、３市の合併協議で取り決めた「６・２５合意」に積極的に取り組むことを含め、両者間において基本的に合意した。
よって、相互に誠意と信頼の上に立って次の事項について協定する。

1.「６・２５合意」について、土屋義彦知事は大宮市民会議等の陳情に「憲法である」と表明していることでもあり、４市１町政令指定都市を目指しその実現を図ること。

1.新市の運営については、全面的なバランスを配慮して公平に対応すること。

1.新市が、交通・経済の中心になることを踏まえ、大宮駅周辺の核となる商店街の振興、中小企業対策等を重要視した施策を実施すること。

1.環境、福祉、教育等の問題については、市民のニーズに応えた積極的な施策を実施すること。

1.市政運営に当たっては、常に市民の立場で考え実践することとし、市政改革、行政改革に積極的に取り組むこと。

平成１３年５月／日

４市１町合併・政令指定都市推進大宮市民会議会長

さいたま市市長選挙立候補予定者

大宮市民会議が提出した「政策協定」

「旧大宮市が市民や議会に約束しながら十年かけても目鼻もつけられなかった問題だけに、この政策協定は政令指定都市問題の前進に結びつくはずである。合併協の代表だったある人が、浦和、与野との合併についてのあらゆる協議で、時の最高指導者に何遍も裏切られたとの認識を述べていた。そのまま最高指導者にまた君臨すれば、この二の舞を余儀なくされる心配があるという。鹿島会長は、出馬予定の顔ぶれをみれば、目的を達成するには相川氏が最適任者だという姿勢をはっきり表明」

要するに政策の問題ではなく、どちらが適任かということなのです。「合併協の代表だったある人」とは芝間さんか鶴崎さんでしょう。何遍も裏切ったという「時の最高指導者」が私のことです。四市一町論を最終的に裏切ったのはどちらだったのでしょうか。

選挙戦には、どうにも不可解で理解しがたいことが起こります。土屋知事の特別秘書をやっていた高橋秀明さんの行動です。高橋さんは、浦高の後輩で、慶應大学の法学部を出た後、松下政経塾で学んだ俊才です。土屋知事が、まだ参議院議員をやっていた平成二年から秘書として仕えており、政治の世界にも精通していました。高橋さんは、新市の市長を擁立すべく動いていたときの最有力候補でした。合併の調印をする以前から、彼を呼んで、「自分は市長選に出るつもりはない。応援するからお前出ろ」と話していました。その時高橋さんは、自分は土

平成 13 年 5 月、さいたま市長選総決起大会。いよいよ選挙戦に突入

屋さんの秘書であり「(土屋氏と)運命共同体で行きたいから、市長選に立候補するつもりはない」と答えていました。その後、土屋知事のグループと伊勢神宮に詣でた際にも、再度打診してみましたが、その時も固辞したので、私から「土屋さんに気兼ねしているんだったら、俺が土屋さんを口説くよ」と申し入れました。「いやあ、そんなことはありません」というのが彼の答えでした。一昨年亡くなったサイサンの川本会長も、高橋氏擁立に積極的で、彼を呼んで「我々が応援するからお前出ろ」と説得を試みました。それでも、結局不調に終わり、先述したように、最終的には自分自身が出ざるを得ない状況になってしまいました。

さいたま市の市長選挙は五月二十日告示、五月二十七日投票と決まり、水面下での選挙準備も大詰めを迎えた四月下旬、訪米中の土屋知事から電話がありました。

「大宮よ（土屋知事は私のことを「大宮」と呼んでいた）、俺のところに秀明が来た。」

「どういうことですか？」

「市長選に出たいということで、土下座した。それを言いにアメリカまで追っかけてきたらしい」

「そんなことないでしょ。立候補を私からさんざん勧めたのに…」

「大宮が勧めたのは俺も知っている。でもそのことについては何も言わない。再考を促したが聞こうとしない。日本に帰ってから改めて相談しようということで取り敢えず帰した」

そんなやり取りがありましたが、心の中では「そんなばかなことがあるか」と思っていました。帰国した高橋さんを元副知事の松永緑郎さんが呼び、二人の副知事とともに、事情を聞くと同時に説得を試みました。話し合いは三～四時間に及んだと聞いていますが、高橋さんは一言も発さず、聞く耳も持っていなかったようでした。高橋さんの突然の出馬には、誰もがその真意をはかりかねていました。松永さんからは、「高橋さんはただただ平身低頭して『私は出ます』と言うだけで、何が何だか自分たちにもわからない」という連絡をもらいました。松永さんに対し、説得の労をとっていただいたことに謝意を述べ「後は本人の意思次第ですよ」と応えましたが、高橋さんがもし本気なら、自分は立候補を辞退し、高橋さんの応援に回ってもいいと考えました。ただ、それは、支援者の猛反発を受け実現しませんでした。私は、心に吹っ切れないものを残したまま選挙戦に入りました。高橋さんと選挙戦を戦うのは不本意極まりなかったのです。

三、さいたま市長選は浦和に軍配

結果的に、私は相川さんに二万二千票余りの差で敗れました。やや未練がましいのですが、負け惜しみを一つ言わせてほしいと思います。大宮票の一部が同じ大宮出身の高橋さんに流れ、高橋さんが三万九千票を集めました。これを思えば、私と高橋さんが一本化して選挙に臨んだなら、結果はどう転んだか分かりません。初めから、それが分からない高橋さんではなかったはずですが、それにもかかわらず敢えて立候補したのはなぜだったのだろうか。いまだに謎です。

選挙も終わって、忘れもしない八月十三日のこと。高橋さんが私のところに謝罪にきたのです。高橋さんは「ご迷惑をおかけしました」と言いました。「迷惑をかけることが分かっているのなら、私が立候補するよう要請したときなぜ出なかったのか。出るときに、私のところにきて、出ますけれどどうでしょうか、となぜ相談がなかったのか」私はそう問いかけましたが、彼は黙してその理由も語りませんでした。私の持論ですが、政治は主義主張ではありません。人間性こそが問題なのです。

四、上尾市の顚末は

最後に、上尾市の顚末を記してこの物語にピリオドを打つことにしましょう。三市合併によって誕生したさいたま市は、旧三市の合意に基づいて上尾市に合併の意向確認を行いました。上尾市では住民投票が行われましたが、結果としては、上尾市は合併を辞退することになりました。これにより、四市一町による政令指定都市移行は夢に終わったのです。その時の事情について、私は既に首長ではなかったので、直接には知りません。新聞報道によれば、上尾市長は合併に反対の立場をとり、住民投票に際して、合併を批判的にとり上げた『週刊ダイヤモンド』の記事をコピーして住民に配布し、合併に賛成する市民に圧力をかけたということでした。この問題を調査してきた上尾市議会の「週刊誌の印刷・配布問題等調査特別委員会」（武藤政春委員長）は、「週刊誌の印刷・配布問題」と「行政の市民への圧力問題」を調査するため、平成十三年十月以来、参考人を招致するなど、十二回にわたり委員会を開催してきて、平成十四年三月十四日、総括意見をまとめました。

それによれば、「週刊誌の印刷・配布問題」では、平成十三年五月に行われた住民投票の説明会の際、市側が『週刊ダイヤモンド』の記事を約三万千部複写印刷し、約二万五千部を配布したことに対し、同七月、ダイヤモンド社から、許可した百部をはるかに超えているとして、使用料と広報紙への謝罪文掲載を求められました。同委員会は「公共機関といえども社会常識上、許される範囲ではない」と結論づけたのです。その上で「誠意をもって（同社と）話し合い、経過と結果を市民に報告すること」と求め、さらに、「庁内の責任を明確にすべきだ」としました。

一方「行政の市民への圧力問題」とは、住民投票条例の制定を求める直接請求の署名活動に対し、新井弘治市長や市幹部が圧力をかけたとされたものです。参考人招致された市民が「圧力」について証言し、新井市長らは「圧力的なことは言っていない」などと否定しましたが、同委員会では「住民投票に関連した状況を総合的に勘案する」とした上で「（住民投票に）賛成する市民へ圧力と感じる言動があった事実は否定できない」としました。

同委員会は、総括意見の中で「公平公正な市政運営を行い、市民の信頼を取り戻す努力をすべきだ」と、市側に強く求めました。この意見は、三月定例市議会最終日の二十七日に報告されました。

五、〝兵どもが夢のあと〟埼玉県の「へそ」となる中枢都市建設に向けて

対等合併は難しいとつくづく感じます。それぞれが自立してやっていけるというプライドを持っているからです。当時の大宮市は財政的にも豊かで、その意味では、どうしても合併しなくてはならないという理由はありませんでした。地方交付税の不交付団体は、埼玉県では大宮と戸田だけでした。銀行はじめ民間企業の世界では、合併は財政的困難を理由とすることが多いと言われています。大宮は財政的に恵まれているのにも拘わらずなぜ合併するのか。そんなことを最後になって言われました。大宮は必要にせまられて合併したわけではありませんでした。埼玉県の「へそ」となる中枢都市を建設するというロマンのために参加したのです。

スーパーアリーナとドコモ—2001 年　（絵：秋山静子）

私はあの時以来、政治の第一線から身を引いています。振り返ってみれば、自分がやってきたことは百パーセント納得のいくものではありませんでした。政令指定都市はロマンでしたが、それを実現するためのプロセスは、政治のドロドロした泥にまみれてしまいました。四面楚歌になって、内外から色々と陰口をたたかれ、裏切り者呼ばわりされ、袋叩きにされて、もう投げ出してしまいたいと何度も思ったものでした。けれど、今でもロマンとしての政令指定都市は、胸の中で熱く燃えています。

あれからもう十四年になります。政令指定都市はロマンではなく現実となりました。しかし、現実となった政令指定都市を目のあたりにして、私は、時として殺伐とした気分に襲われることがあります。

「夏草や　兵どもが　夢のあと」

これは、松尾芭蕉が平泉の高館《たかだち》で詠んだ句です。ここ高館は、かつて義経主従や藤原一族の者たちが功名、栄華を夢見たところですが、今はただ夏草だけが生い茂るばかり、という意味です。さいたま新都心周辺には、夏草どころか、ビルやマンションが立ち並び、繁栄を謳歌しているように見えます。でも「ＹＯＵ　Ａｎｄ　Ｉプラン」以来、埼玉県の「へそ」となる中枢都市を建設したいと思って熱い思いをぶつけ合ってきた人たちが念願していたものが果たしてこれだったのでしょうか。三市論者の思惑通り、三市で合併し、三市で政令指定都市に移行しました。国の機関も移転を完了しています。だが、果たして、それで街づくりは完了したのでしょうか。そろそろ、さいたま市のこれまでの歩みと今後の行く末を改めて考えてみるタイミングではないでしょうか。今のさいたま市を動かしているロマンとは一体何なのか。さいたま市は一体どこへ行こうとしているのか。私は、今、現さいたま市長である清水さんやさいたま市民の皆さんに対し、この問題を提起したいと思います。

おわりに

平成十三年五月一日、大宮市、浦和市、与野市三市が合併してさいたま市が誕生しました。この歴史的大事業に参加する機会を得たことはとても有意義なことであり、その幸運を与えていただけたことに大変感謝しています。また、この大事業を完遂するにあたり、多くの議員の方々、市民の皆さんから筆舌に尽くしがたいご支援、ご協力を賜わりました。ここで改めて感謝申し上げたいと思います。

あれから十四年経ちました。筆を置くにあたり、現在のさいたま市を簡単に振り返っておきたいと思います。さいたま市が誕生して十四年、政令指定都市に移行してから十二年になりますが、読者の皆さんが、もし「さいたま市ってどんな都市?」と聞かれたら何と答えますか?

もう三十年以上前、私たちが中枢都市圏構想「ＹＯＵ Ａｎｄ Ｉプラン」を策定した時、県内の都市はベッドタウン的性格をもったミニ都市でした。住民にも、埼玉県民であるという意識は希薄で、むしろ、埼玉に住みながら東京に通勤・通学を求めていることから「埼玉都民」と呼ばれていたものでした。「ＹＯＵ Ａｎｄ Ｉプラン」は、過度の東京依存を是正し、埼玉県民一人ひとりが住み、働き、学び、憩い、真に魅力と誇りを感じるような埼玉県の中枢都市を築いていこう、いわば、県域の「へそ」を創っていこうとするものでした。

あの頃に比べ、確かに都市の規模は格段に大きくなり、マンションも予想だにしなかった数になりました。しかし、住民が真に魅力と誇りを感じる都市のイメージは明確になってきたのでしょうか。三十年以上前の課題は解決される方向に向かっているのでしょうか。横浜や神戸は、神奈川県や兵庫県の枠を超えて独自の存在感を示しています。横浜や神戸は知っていても、それがどこの県に属しているのか、ふと考えてしまう人もいるのではないでしょうか。しかし、さいたま市はどうでしょうか。他の市町村と同様、県のイメージの中に埋没してしまっているのではないでしょうか。マンションが増え過ぎ、かえって東京に通う「埼玉都民」が増加しているのではないでしょうか。しまい、ますますさいたま市のイメージが希薄化してしまう懸念はないでしょうか。

一流の都市には、仙台の「杜の都」、あるいは横浜の「みなとみらい」というような、都市の魅力を端的に表現するキャッチフレーズがあります。それは、都市の魅力を全国に発信するものであり、何よりも、街づくりの価値観を市民が共有し、それを象徴的に示すものです。さいたま市が全国に誇れる魅力は、その気になればいくらでも見出すことができます。鉄道もその一つでしょう。大宮駅には現在、東北、上越、北陸の三つの新幹線が発着しており、さらに

マルキュー前通り―1994 年（1994 年 1 月より桶川に移転）（絵：秋山静子）

今年（平成二十七年）末には、北海道新幹線が新函館北斗間開業予定と、名実ともに東日本の玄関口になります。三面六線の新幹線のホーム、これは東京駅を除いては他にありません。発車番線についても、JR東日本だけで二十二番線を有し、東武野田線、埼玉新都市交通伊奈線（ニューシャトル）を加えると二十五に上ります。「鉄道は未来を拓く」というのが私の持論ですが、大宮駅は、未来を拓いていく力と可能性を秘めているのです。また、さいたま市には豊かな自然資源もあります。見沼たんぼは、インターネットのフリー百科事典「ウィキペディア」

にもとり上げられているので是非ご覧いただきたいですが、先人の治水、開拓、保護の絶え間ない努力によって、都市化の波にさらされながらも、現在まで首都圏最大と言われる緑地帯を維持してきています。こうしたさいたま市の魅力を端的に象徴するキャッチフレーズを発信できなければならないと思うのです。

さいたま新都心はさいたま市誕生の原動力でした。そこに国の機関が移転し、業務機能を具えた、人が集まる、さいたま市の顔になることが期待されました。さいたま新都心はさいたま市統合の象徴であり、街づくりへのさいたま市民の夢とロマンを象徴する場なのです。さいたま市に合流した旧市が、真に融合した街づくりを進める上での拠点でなければなりません。旧市にはそれぞれ核となる中心地があり、さいたま市は複数の核を備えた多核都市です。その構造を敢えて変える必要はないでしょう。しかし、新市として統合したからには新市を象徴する新たな核が必要です。さいたま新都心がそれではなかったのでしょうか。さいたま新都心が周囲を活性化する触媒となり、新たな街づくりが進むことを求められているのではないでしょうか。

さいたま新都心駅の東側エリアを業務機能的エリアに位置付け「マルキュー」の中村社長、宮澤社長、「片倉工業」の清田社長、岩本社長の二代にわたる社長さんに協力をお願いし、時

中山道並木─1992年　（絵：秋山静子）

には議論し、コクーンを誕生させました。コクーン2は既にオープンしています。また、新都心への来客を誘動するために、都市工学の伊東先生にお願いし「大宮ほこすぎ橋」を建設。「武蔵一宮氷川神社」の一の鳥居から大宮公園〜盆栽村へと一大緑道を構想し、その緑道添いには全国都道府県の土産店を形成させたいと考え、当時、全国知事会の会長だった土屋知事にお願いし承諾していただいた事を思い出します。都市を創るというロマンが都市間政争の具になってしまっては何にもなりません。長い道程を克服し市民のためのロマンを構築したいものです。

さて、話はもとに戻りますが、さいたま市の新市庁舎をさいたま新都心周辺にという構想に関しては、さいたま新都心が周囲を活性化する触媒になるという期待に基づいています。旧浦和市、大宮市、与野市の合併協定書には、新市庁舎の位置について次の事項が協定されています。

「将来の新市の事務所の位置については、さいたま新都心周辺地域が望ましいとの意見を踏まえ、新市成立後、新市は、交通の事情、他の官公署との関係など、市民の利便性を考慮し、将来の新市の事務所の位置について検討するものとする」

「将来の新市の事務所の位置については、市民参加による審議会の設置など、その協議方法を含め、新市成立後、速やかに検討を開始するものとする」

この協定書に基づき、平成十三年五月に三市は合併しましたが、そこに規定されている審議会は、平成二十四年七月になってやっと条例化され、第一回審議会が開催されたのは平成二十四年十二月十九日でした。現在は、澤井安勇先生を会長として精力的に検討が行われ、平成二十五年度中に七回の審議会が開催されました。審議会の審議の行方に期待するばかりですが、私は、是非、どんなさいたま市に住みたいのかという都市構想の一環として市庁舎問題を考えていきたいと思います。合併後十四年経って、まさかとは思いますが、審議会が、浦和、

旧大宮市役所―1991 年　（絵：秋山静子）

大宮がそれぞれの地域エゴを主張しあう場にならないことを祈ります。さいたま市は三市合併という歴史的大事業を成し遂げたので、今後は、新さいたま市の街づくりという第二の大事業に取り組んでいくことを願っています。十年後、二十年後のさいたま市民に、胸を張れるような事業を残したいものです。

最後に、読者の皆さんはどんな街に住みたいと思っているのでしょうか。さいたま市は、果たして、どんな方向に向かっていくのでしょうか。政治、行政に携わる方々はどんな街づくりをしようとしているのでしょうか。この十四年間、こうした街づくりのビジョンについて語られる機会がめっきり少なくなったと感じています。

もしそうだとすれば、それは合併協議の負の遺産ではないでしょうか。私は「ＹＯＵ ＡｎｄＩプラン」の理念を引き継ぎ、「職、住、遊、学」の機能を具えた「自立都市」を創ろうとしました。昼、夜間人口の比率は一対一を目指すべきだと考えました。それを実現するものとして政令指定都市を構想しました。もしこうした都市構想について三市が十分に協議し、都市構想の理念を共有できていたならば、合併後の街づくりはそれに沿って粛々と進められ、現在とは違った形になっていたと思われます。しかし、本文の中でも示したように、そうした都市構想は棚上げされ、さいたま新都心に国の機関を移転することが三市合併の大義名分とされてしまいました。三市合併はロマンではなく、与えられた目標を達成する為の政治、行政の過程となってしまったのです。そのために、さいたま新都心が完成して、国の機関が移転し、政令指定都市化が実現した時点でプロジェクトは実質的に終了してしまったのです。本来、さいたま新都心は一つの通過点であって、一つの都市構想に沿って、その後の街づくりが進められなければならなかったのに、です。さいたま市の歴史において、後世、この十四年が「失われた十四年」と位置づけられなければいいがと、私は思っています。

この本の作成にあたり、関係者の皆さまをはじめ、多くの方にお世話になりました。紙面をお借りして心から感謝申し上げます。

首長や政治家にはロマンが必要です。市民は、都市づくりのビジョンを共有できるような首長や政治家を選ぶ必要があります。政治に携わる人一人ひとりがロマンを構想し、お互いのロマンを闘わせ、より良き未来を実現していく場が政治であって欲しいと切に望みます。「ローマは一日にしてならず」。されど、「すべての道はローマに通ず」なのです。

平成二十七年五月

新藤　享弘

本書関連年表

昭和

五三（1978）〔県〕「埼玉県長期構想」策定始まる

五五（1980）県と四市一町「埼玉中枢都市圏首長会議」発足

※以下【埼】と略表記　◇〈新藤〉事務局で関わる

五六（1981）〔国〕首都圏整備法

五七（1982）【埼】「埼玉中枢都市圏構想」基本構想　◆東北・上越新幹線開業

五九（1984）　◆大宮操車場廃止決定

六〇（1985）【埼】「埼玉中枢都市圏構想」基本計画　◆埼京線開通

《さいたまYOU And I プラン》

六二（1987）〔国〕多極分散型国土の形成を基本理念　◆JACK大宮

六三（1988）【埼】新基本計画、さいたま新都心整備　◆ソニックシティ

平成元年　◆自治医大着工

〇二（1990）〔県〕埼玉経済同友会「報告書」◇〈新藤〉大宮市長選挙当選

〇四（1992）国土庁、四市一町の圏域を「埼玉中枢都市圏域業務核都市基本構想」として承認

〇五（1993）〔国〕旧国鉄大宮操車場跡地に国の一〇省庁一七機関の移転決定

【埼】《彩の国YOU And I プラン》の策定

さいたま新都心プロジェクト←流れは三市合併へ！

〇六（1994）三市合併協定調印

「政令指定都市問題等三市議員連絡協議会（三市協）」設立総会

〇七（1995）三市の各市議会で「合併促進決議」

〇八（1996）上尾市長選挙　新井弘治氏当選

国内外トピックス

△成田開港

△イラン・イラク戦争

△神戸ポートピア

☆ロス五輪

△日航機墜落

△昭和天皇崩御

△大阪万博

☆バルセロナ五輪

△皇太子、ご結婚

☆Jリーグ開幕

△大江健三郎 ノーベル賞

△阪神大震災

☆アトランタ五輪

〇九（1997）「三市合併協議会（任意協議会）」設置　※（なお書き挿入）　☆長野（冬）五輪

一〇（1998）「任意協議会」第二〜六回

各市およびその内部で目指す方向性が異なり議論は紛糾！

浦和・与野　　大宮（穏健派・強硬派）　　※上尾・伊奈

↑　　↑　　↑　　↑　　一部にオブザーバー参加

三市合併	三市合併後 上尾市・伊奈町 を加え政令都市	四市一町合併	三市一町合併後 三市政令都市

小委員会　検討事項

第一　合併方式・期日

第二　新市名称

第三　新市事務所位置　　↑　　↑　　十二月大宮・上尾・伊奈各議会

第四　政令指定都市問題　　「四市一町…」決議

合意は得られず、翌年に持ち越す

一一（1999）第四小委員会、六・二五合意「新市成立後、新市は上尾市・伊奈町の意向を確認の上、速やかに合併協議を行うものとし、二年以内を目標に政令指定都市を実現する（以下略）」

一二（2000）国の行政機関等の移転開始

さいたま新都心《街びらき》　☆シドニー五輪

一三（2001）三市合併による「さいたま市」誕生　※上尾市住民投票

市長選挙　相川宗一氏（元浦和市長）当選　△米同時多発テロ

上尾市・伊奈町「合併協議辞退回答」

一五（2003）さいたま市　政令指定都市となる　☆サッカーW杯 日韓共催

一七（2005）岩槻市　編入合併

二〇（2008）　☆アテネ五輪

二一（2009）市長選挙　清水勇人氏当選　現在に至る　△米オバマ大統領

さいたま市《し》誕生《たんじょう》　知《し》られざる真実《しんじつ》
旧大宮市長が語る四市一町構想の果て——兵どもが夢のあと

2015年5月31日　初版第1刷発行

著　者　新藤 享弘

発行者　小堀 英一
発行所　知 玄 舎
さいたま市北区奈良町98-7（〒331-0822）
TEL 048-662-5469　FAX 048-662-5459
http://chigen.ddo.jp/~chigen/

発売所　星 雲 社
東京都文京区大塚3-21-10（〒112-0012）
TEL 03-3947-1021　FAX 03-3947-1617

印刷・製本所　亜細亜印刷

ISBN978-4-434-20374-9